商务馆实用汉语师资培训教材

世界汉语教学学会 审订

汉语可以这样教

——语言技能篇

主编　赵金铭

编者　翟　艳　苏英霞

　　　戴悉心

商务印书馆

图书在版编目(CIP)数据

汉语可以这样教——语言技能篇/赵金铭主编;翟艳等编.—北京:商务印书馆,2006(2020.9重印)
(汉语师资培训教材)
ISBN 978-7-100-05153-8

Ⅰ.①汉… Ⅱ.①赵… ②翟… Ⅲ.①汉语—教学法—对外汉语教学—师资培训—教材 Ⅳ.①H195.3

中国版本图书馆 CIP 数据核字(2006)第 083292 号

HÀNYǓ KĚYǏ ZHÈYÀNG JIĀO
汉 语 可 以 这 样 教
——语言技能篇
赵金铭 主编

商 务 印 书 馆 出 版
(北京王府井大街36号 邮政编码100710)
商 务 印 书 馆 发 行
北 京 艺 辉 伊 航 图 文 有 限 公 司 印 刷
ISBN 978-7-100-05153-8

2006 年 11 月第 1 版 开本 710×1000 1/16
2020 年 9 月北京第 7 次印刷 印张 12¾
定价:32.00 元

目　　录

前　　言

　　汉语作为外语教学,不同于汉语作为母语教学,这是大家都认识到的。但是,怎么教? 如果能在有效的教学时间内,按照既定的教学目的,完成教学任务,应该说,无论采用什么样的教学方法,均无可非议。这就是所谓之"教无定法"。但是,语言教学是一门科学。教学方法的研究,关系到教学效果与学习效率,又是至关重要的。吕叔湘先生曾指出:"语言教学的科学研究开始于外语教学,在中国和在西方国家都是这样。这是不奇怪的,因为用不同的方法教外语,收效可以悬殊。"(吕叔湘,1992)

　　在国外,英语作为外语教学的教学法研究,已有百年历史。英语作为外语教学法受现代语言学理论影响很大,形成了不同的教学法流派。如以结构主义语言学理论为基础形成了听说法;在转换生成语言学的影响下形成了认知—符号法;在社会语言学的理论指导下出现了功能法。此外,还有五花八门、各种各样的语言教学法,令人眼花缭乱。

　　这些教学法各持一端,自成一家之言。而汉语作为外语教学是一门年轻的学科,在教学法研究方面多借鉴国内外的外语教学法的研究成果,这也是很自然的事。汉语作为外语教学在教学法方面曾经历过翻译法、听说法、交际法等不同发展阶段。虽紧追国外的外语教学法研究的最新动态,然而,将这些教学法用于汉语教学时,总难差强人意。这是因为,目前所流行的外语教学法,无论哪一种,都是基于以印欧系语言为主而形成的,或者说,主要是以英语为目的语而形成的。这些外语教学法用于属于汉藏语系的汉语作为外语教学,就会有扞格不入之感。于是,对外汉语教学界根据自己的实际情况,博采众长,为我所用。在汉语作为外语教学整个过程中,视情况而定,在不同的教学阶段,面对不同的教学对象,在处理不同的语言要素上,在训练不同的语言技能时,在实施不同的教学环节中,分别选取最恰当、最有效的教学方法，以追求最优化的教学效果。这就是我们所说的"综合教学法"。虽然如此，不同的人在不同的时期，总会有所侧重。多年来，不外乎采用外语教学法中的听说法（句型教学法）、结构—功能教学法、功能教学法、交际教学法等。总的说来，单一地、一贯到底地使用一种教学法的不多，绝大多数是以一种教学法为主，兼及其他。说到底，还是教学法的综合。

　　汉语具有五千年的历史，与印欧系语言有着很大的不同。汉语有四个声调，更有一个学习汉字的问题，这些一直是汉语作为外语教学中的一个难题。所以，如何从汉语与汉字的实际出发，自主创新，探讨汉语作为外语教学的具有自己特色的语言教学法，就一直是我们努力追求的目标。

　　有语言教学经验的人都会明白，无论什么样的语言教学法，皆是源于教学实践，又高于教学实践。所以，对于一个具备了基本条件，刚刚迈进汉语作为外语教学殿堂的人，应该边学习边实践。在熟悉教材、了解学生、反复不断的教学实践中，充实自己，提高自己。与此同时，应该更深入地了解自己的母语，应该具备较深厚、全面的汉语知识，并能把这些知识转化为学习者的语言技能。还应该能熟练地运用自己的母语，运用有效、实用的方法和技巧，培养、训练学习者的汉语综合运用能力。先合后分，才能驾驭汉语作为外语教学的听、说、读、写诸方面的教学活动。在此基础上，才算既掌握语言综合训练的基本方法，又能胜任各单项语言技能听、说、读、写的训练。

　　本书是为刚刚从事或将要从事汉语作为外语教学的人而编写的。使用对象应该是母语为汉语的人。如果是母语为非汉语的人能从事汉语作为外语教学，那么，他们必定经过若干年的汉语学习，自身经历过汉语作为外语教学的训练。比如大学的汉语教师，他们具有汉语教学理论，又有语言教学的实践经验，这本作为教学法入门的书，也可使他们从中获益。

　　本书以介绍汉语作为外语教学的基本技能为目的，并不宗于某一教学法流派。只是从汉语与汉字的实际出发，介绍一些具体、实用的教学方法。目的在于引人入门。所用办法，也并非放之四海而皆准，还要视具体情况而灵活处理。

　　语言教学既是一门精确的科学，也是一门经验的科学。说它精确，是指语言教学中存在着客观的、不以人的意志为转移的教学规律和学习规律。

如果不遵循这些规律,语言教学就难以实施,语言学习也难有成效。譬如,汉字、词汇、语言点的定量统计与分析,教学中的层级分配,教学顺序的安排等,都应该是相对精确的。语言教学又是一门经验的科学,它需要经验的积累。正如一个医生,从医时间愈久,积累的经验愈多,对症诊治也就愈准确,误诊也较少。语言教师面对不同的教学对象,课堂上充满了"变数"。一个语言教师站在讲台上,面对的是不同的学习方法,各异的学习策略,多样的学习习惯,纷繁的个体差异,这时就会发现难以用整齐划一、一成不变的教学方法去实施教学。此时,灵活多变,应变能力强,方显出教师的本领。

我们这样说,并不否定汉语作为外语教学的科学性,而主张回到经验型。以往人们所说的由"经验型"向"科学型"的转变,是指将我们多年积累的教学经验升华,上升为理论的探讨。这样,当我们实施一种教学时,不仅知其然,且知其所以然。无论是教学内容的安排,教学环节的设计,讲练的技巧,练习的排列等,都有其科学的依据,并有计划、有步骤地进行研究,正如程裕祯所言:"从 20 世纪 80 年代末至 90 年代末,国家汉办组织实施了三次科研规划,一次全国性的教学科研成果评奖。这是对外汉语教学由'经验型'向'科学型'转变的例证。"(程裕祯,2005)

本书不是系统的研究,只是想用简易可行的若干方法,引导初入道者,粗知汉语作为外语可以这样教。入门之后,还要靠个人在教学实践中去体味,去揣摩,去创新。套用一句不恰当的俗话:"师傅领进门,修行靠个人。"

今天,在语言教学法研究中,人们更注重过程。汉语作为外语教学是一个完整的过程。过程是组织外语教学不可忽视的因素。桂诗春曾说:"在 70 年代以后,人们认为提高外语教学质量的关键是教学方法,后来才发现教学方法只是起局部的作用。"(桂诗春,2005)我们正是本着这种观点,把技能训练与培养,视为一个过程。故而在编写时,无论是语言综合运用能力训练,还是单项语言技能训练,都按照以下四个层面展开:

1. 提出训练所要达到的教学目的,阐释训练的原则问题和侧重点;

2. 揭示训练所显示的客观层次,阐释训练由单一到复合,由浅及深,并有序地说明材料的层次,教学的层次,理解的层次;

3. 展示训练所应遵循的各个教学环节,诸如,由旧引新,新知导入,讲

练结合,理解过程,机械记忆,活用练习等;

4.具体给出训练的基本方法与技巧,既有具体教学项目的方法指导,也有学习策略和学习方法入门。

为了体现上述安排,在叙述过程中,我们尽量少用术语,理论的思考伏在暗线。非说不可,则点到为止。方法也好,技巧也罢,均以实例演示说明之,以便读者可以举一反三,体会个中之道理。

目前,国外的英语教学界,在讨论教师在教学中的作用时,将教师分为三种不同的类型:讲师、教师和导师,当然这都不是通常意义上的称谓。其中"讲师"指那些只熟悉专业知识,而不了解教学方法和教学技巧的教师;"教师"指那些既懂学科专业知识又熟悉教学方法和教学技巧的教师,但这类教师不懂学生的学习心理,因而不能帮助学生培养自我指导、自我评价的能力;"导师"除了熟悉专业知识和教学方法外,还积极钻研并在教学中时刻关注学生内在的学习心理和学习过程,以帮助学生培养自主学习的能力。(Jane Arnold,2000)从"讲师"到"教师",再到"导师",是一个纵向发展过程,是一个转变观念、转变态度和完善作为一个合格语言教师素质的过程。

我们希望从事把汉语作为外语教学的教师都能成为"导师"型,但千里之行,始于足下。合格的语言教师是要经过培训的,要经过一定时间的语言教学实践才能培养出来。要具备合理的知识结构,要具备教师的素质,要掌握语言教学的方法与技巧,三者缺一不可。本书正是从最基本的语言教学方法与技巧入手,而向往着更高的目标,希望在语言技能训练的基本技法上,给读者提供些微帮助。

参考文献

吕叔湘　1992　语言和语言研究,《吕叔湘文集》第 4 卷,商务印书馆

程裕祯主编　2005　《新中国对外汉语教学发展史》,北京大学出版社

桂诗春　2005　外语教学的认知基础,《外语教学与研究》第 4 期

Jane Arnold　2000　《情感与语言学习》,外语教学与研究出版社

第一章　汉语综合技能训练法与教学技巧

第一节　汉语综合技能训练的目的与性质

在第二语言教学语言类课程中,综合课是一门集语言要素教学、文化知识教学、语言技能与语言交际能力训练为一体的课程,目的在于培养学生综合运用目的语的能力。课程内容具有全面综合性的特点,一般作为基础课或主干课设置。传统的综合课以帮助学生掌握语言知识为主要目标,现代综合课则具有明显的技能培养特点。传授语言知识可以看做综合课的首要任务或基础性任务,但它的核心任务还是语言技能的训练,知识教学与技能训练的比例明显偏向于后者,而且语言知识的教学也越来越情景化、功能化、交际化,与技能训练合而为一。

第二节　汉语综合技能训练的教学任务与目标

一　汉语综合技能训练的阶段划分

综合课教学可分为初、中、高三个阶段,初级阶段的教学对象为外国留学生汉语言专业(四年制本科)一年级的学生或同等水平的学生;中级阶段的教学对象为外国留学生汉语言专业(四年制本科)二年级的学生或同等水平的学生;高级阶段的教学对象为外国留学生汉语言专业(四年制本科)三、四年级的学生或同等水平的学生。

二　汉语综合技能训练的任务

（一）语言要素教学

语言要素是语言表达的基础,语言要素教学是综合课教学的首要任务。它在综合课教学中占有相当大的比重,这也是综合课有别于其他专项技能课的突出特点之一。专项技能课以培养听、说、读、写专项技能为重点,对相关的语言知识一般从技能训练的角度入手,有选择、有侧重地进行介绍或适当的讲练,点到为止。听力课和阅读课的语言知识教学侧重培养学生运用语言知识对所听、所读的语言材料的内容进行推测和判断的能力,口语课和写作课的语言知识教学侧重培养学生运用语言知识进行口头和笔头表达的能力。综合课的语言要素教学具有全面与系统的特点,在教学内容上,注重对语言知识全面而系统的传授;在教学方式上,围绕所教授的语言项目要进行听、说、读、写综合训练;教学目标是使学生对所学知识达到听、说、读、写"四会"的要求。

1. 语音教学

（1）教学目的与教学重点

语音教学的目的是培养学生发音及运用声音技巧的能力。初级阶段的教学重点是打好语音基础,要求语音语调基本标准;中高级阶段在继续抓好语音语调的基础上注重培养学生运用声音技巧的能力。中级阶段要求语音语调标准、自然,并能较好地运用重音、停顿等表达语义;高级阶段要求语音语调准确自如并善于运用声音技巧表达丰富的语义。

（2）语音教学的模式

目前的语音教学主要有两种模式:一是音素教学模式,即在教学初期安排一个相对集中的"语音阶段",用一至两周的时间,专门教授汉语的声母、韵母、声调、变调、轻声、儿化,熟悉《汉语拼音方案》,集中力量打好语音基础。二是语流教学模式,在学期初期只用很短的时间(一至两天)快速介绍《汉语拼音方案》,将所有的声母、韵母、声调、变调、轻声、儿化的发音部位和发音方法等介绍给学生并做简单的练习,然后将语音教学与词汇、语法和课文教学结合起来,让学生在语流中练习语音。

值得注意的是,外国人学汉语即使到了中级或高级阶段,洋腔洋调的问题还是很突出。所以,不管采用哪种教学模式都应该注意:语音教学不只是教学初期的任务,应该常抓不懈,贯穿整个汉语教学过程的始终。

2. 词汇教学

(1) 教学目的

词汇教学的目的是培养学生识词、辨词、选词、用词的能力。识词的能力包括能够熟练地识记汉语词语的音、形、义并具有区分词与语素、词与短语的能力。辨词的能力包括准确区分汉语同音词、同形词、同义词以及多义词的不同义项,把握其在概念意义、附加色彩以及句法功能等方面的差异。此外,还要能够把握汉语和母语的对应词之间的联系与差别。选词用词的能力要求能够根据具体的交际环境,从语义表现、句法要求、语用得体性等各个方面,综合权衡已经掌握的词语并最终加以选用、组词造句。

词汇教学中关于词的句法功能的教学也属于语法教学的内容。

(2) 教学重点

初级阶段词汇教学的任务是通过多种形式的练习帮助学生记忆生词,理解和掌握汉语中常用词的基本意思与主要用法。

中级阶段词汇教学的任务是帮助学生扩大词汇量,并能较为自如地运用所学词语进行交际。重点讲练的词语是:①学生不易掌握的常用虚词和虚词结构。如"反而、反正、至于、轻易、简直、从而、凡是……都……、与其……不如……、除非……否则……"等;②用法比较特殊或义项较多,有时兼跨不同词类的常用词语。如"彼此、再说(动/连)、保险(名/形)、一切(形/代)"等;③固定结构和常用格式。如"有声有色、连吃带玩、忽冷忽热、在……看来、由……组成"等。

高级阶段词汇教学的任务是帮助学生进一步扩大词汇量并掌握尽可能多的形式。这一阶段重点讲练的词语是:①成语、俗语、惯用语和一些常用格式的意义和用法;②多义词、兼类词的意义与用法;③词语的同义扩展或反义扩展;④词语辨析。

3. 语法教学

（1）教学目的

语法教学是对词组、句子、语篇、话语等组织规则的教学，目的是让学生正确运用这些规则组词造句、连句成篇。语法教学的基本内容包括语素、词、词组、句子和语篇这五级语法单位。

（2）教学重点

初级阶段以基本语法教学为主，重视语法结构的教学，要求学生掌握汉语的句型和词序，培养学生连词组句的能力。在教学中从句型入手，加强语义、语用分析。不但要使学生了解句子中各成分之间的语义关系，还要讲清楚某个句型、句式的使用条件、使用限制等。同时还要注意展示常见的错误例，以提醒学生尽量避免犯同样的错误。

中级阶段语法教学的重点是语素、词组和语篇。

语素是最小的音义结合体，是最小的语法单位。词是由语素构成的。语素在汉语语法教学中具有独特的价值。语素教学的目的是帮助学生掌握汉语构词的特点，从而更为有效和更快地扩大词汇量。中级阶段的语素教学要注意选取构词能力强、易理解、易掌握、易辨析的语素，不宜对多义语素、语素的引申义进行过多的讲解和辨析。

词组是词与词组合而成的语法单位，它可以自由地充当句子成分。在汉语中，一个句子成分更常见的不是一个词，而是一些词的组合。词组教学的目的是帮助学生了解汉语词组的结构关系、功能类型及其成句条件，特别是不同词语或句型对不同词语的选择要求。如汉语用单个动词做谓语的局限性很大，不少动词要组成某种短语才能跟某些名词直接搭配。如：

＊碰困难　　碰到困难

＊搞毛病　　搞出毛病

再如，副词"很"不能修饰单个动词，但是能够修饰动宾词组：

很有兴趣　　很花时间

在语言结构方面，初级阶段的教学重点是单句和简单的复句，中高级阶段侧重语篇教学。关于语篇，有广义和狭义两种理解。广义的语篇指由结构上相互关联、意义上密切联系、共同表达一个中心思想的一组句子组成的或大或小的段落、篇章。狭义的语篇特指由语段构成的篇章,而将由两个或两个以上的句子构成的段落称为语段。我们在这里所说的语篇教学包括语段和篇章教学,语篇教学的目的是培养学生连句成段、连段成篇的能力。指导学生掌握连贯表达思想(中心思想)的词汇手段和语法手段,如正确地安排语序,准确地运用虚词,通过词汇的重现使语篇中的句子相互衔接,注意运用逻辑关系词语来表明句与句、段与段之间的因果关系、并列关系、承接关系、转折关系等。逐步掌握通过照应、替代、省略等语法手段实现语篇的连贯。

高级阶段的语法教学的重点是复杂句式和语篇。

常用句式包括特殊句型(如"被字句"中的"被……所""被……被……被……","比较句"中的"A 与 B 相近似""A……于 B"等)、口语格式(如"早也不……,晚也不……,偏偏……""……也不是,……也不是"等)、各类复句、双重否定句、反问句等。在教学中要注意加强对同义句式——如双重否定句与肯定句,反问句与陈述句,被动句与主动句等语义内涵与语用功能的对比分析,以提高学生汉语表达的正确性与得体性。

关于语法教学的主旨,赵金铭(1996)指出,初、中、高三个阶段的语法教学主旨应各有侧重,初级阶段主要应解决正误问题,即侧重最基本的语法形式的教学,使学习者具备区分正误的能力;中级阶段主要应解决语言现象的异同问题,即侧重语义、语法教学,使学习者具备区分语言形式异同的能力;高级阶段主要应解决高下问题,即侧重语用功能语法教学,使学习者具备区别语言形式之高下的能力。

4. 汉字教学

汉字教学的目的是培养学生的汉字能力,包括认、念、写、说、查五个方面。认,是根据字形提示的意义信息辨认并区别字义与词义;念,是根据汉字形体所提供的信息准确地念出一个音节或一串音节;写,即正确地书写;说,是用已知的有关汉字形、音、义的知识说出字形;查,指用已知的有关汉字形、音、义的知识在工具书上进行汉字的检索、查看。

在一些分课型设课的学校,汉字教学的任务一般由专门的汉字课或读写课承担,综合课主要通过汉字认读、听写等方式巩固学生所学的汉字知识。如果没有开设专门的汉字课或读写课,汉字教学的任务一般由综合课承担。特别是在初级阶段,每堂课上要安排教写汉字和汉字练习的环节。目前综合课的汉字教学基本上采用的是随文识字,语文并进的教学模式,即说什么,写什么。

(二) 文化知识教学

语言是文化的载体,学习一种语言的同时必须掌握该语言所负载的文化内涵。跨文化交际能力是言语交际能力的重要组成部分。对目的语的文化了解得越多,越有利于语言交际能力的提高。实践表明,不学文化,语言很难真正学通。在交际中因为文化差异而导致的误会比比皆是。如在路上见面时很多人说的不是"你好",而是"吃了吗?""去哪儿?"去中国人家吃饭,明明准备了丰盛的饭菜,主人却说"没什么好吃的,凑合吃吧",而客人已经吃饱了,主人还要说好几遍"多吃点儿",送客时总要说"慢走"等。如果不了解中国人的问候、待客、送客的方式,外国学生对这些话一定会感到莫名其妙。而与中国人初次见面经常被问到"做什么工作?""结婚了没有?""有没有孩子?"甚至"每个月挣多少钱?"这样的问题,说不定还会认为中国人喜欢探听别人隐私而心生反感。一位在日本工作的中国老师曾写过一本书,(陈淑梅,2005)其中谈到中日之间语言表达方式的差异以及由此折射出的民族心理的不同:

> 到医院去探望病人的时候,日本人总是对病人说:"正好到附近办点儿事,顺便来看看你。"中国人可不这样说! 他们一般说:"一直想来,总抽不出时间,今天请了半天假,特地来看看你。"

> ……

> 给朋友送礼物的时候,中国人喜欢说"这是特地为你买的,我转了很多商店才买到的",而日本人往往说"这是我老家寄来的,太多了,一个人吃不了"。日本人为了不给受益的对方增加心理负担,总是设法把自己施与对方的"恩"说得微不足道。而中国人为了表明自己的一片真心,往往要尽量渲染自己的诚意。仅仅几句客套话,中日之间就产生了如此之大的反差。语言来源于各自不同的文化土壤,无所谓优劣对错。不过至少可以这样认为,如果身在日本,用日语进

行交流,就应该努力去理解并掌握日本式的表达方式和思维方式。反过来也是一样。这样可以避免不必要的误会,真正达到友好交流的目的。

为了保证交际的顺利与成功,在语言教学中必须重视文化因素的教学。但是,"文化"是一个内涵非常广泛的概念,并不是所有的文化知识都必须是第二语言教学和外语教学的内容。第二语言教学和外语教学中的文化教学,主要是对与目的语的理解和运用密切相关的文化因素的教学,包括:①语言材料中涉及的文化内容;②包含在词语和语言结构内部的文化因素;③语言运用的文化背景知识。

值得注意的是,语言教学中文化因素的教学应该与语言要素教学、言语技能训练相结合,不能变成单纯的知识讲授。初级阶段可以结合会话练习,揭示汉语的语用规则。比如,了解基本的礼貌用语、如何打招呼、如何问年龄、如何道别等等;中级阶段可以结合语言材料的讲练帮助学生了解中国人基本的生活方式、文化习俗、基本国情以及特定场合中的语言表达方式;高级阶段可结合语言材料的讲练帮助学生了解中国人的思想观念、价值观念、伦理道德意识以及民族心理特征。

(三) 语言技能训练

1. 训练原则

综合课语言技能训练的原则是以培养学生的语言交际能力为目的,以语言知识教学为基础,综合训练学生的听说读写能力,突出听说,读写的比例从初级阶段到中高级阶段逐步加大。

2. 训练方式

综合课的"综合"有两层含义:一是教学内容的综合性,二是训练方式的综合性。在技能训练方面,综合课的训练方式与训练重点都有别于专项技能课。

专项技能课侧重针对各项能力的微技能训练,而在综合课的教学过程中,听说读写的训练不是分别进行的,而是相互结合,贯穿于整个教学过程的各个环节的。围绕一份语言材料往往要进行听、说、读、写等多项练习,学生通过"读(朗读、默读)"的方式获得语言材料,在"听说"过程中进行表达练习,通过"写"巩固、深化所获得的知识和技能。在综合课上,听、说、读、写既是教学的目的,也是教学的手段。甚至在某一个教学环节上,会同时兼顾听、说、读、写多项训练。如初级阶段综合课生词教学一般采用听写入手的做法,让一到两位学生在黑板上写,其他同学在本子上写。写完后请大家看黑板,先默读一遍,然后指出哪个字写错了。对写错或没写出来的字,可以请学生说出应该怎么写。比如"午"写成了"牛",可以说"'午'的上边不出来"。再如"吹"没写出来,可以说"左边是'口'",右边的偏旁学生如果答不出来,老师可以引导学生想想它的右边跟哪个字的右边一样,学生可能会说出跟"唱歌"的"歌"的右边一样。通过说明字形的练习,不但可以练习说的能力,而且在边看边说、边想边说的过程中还可以加深学生对汉字字形、结构的认识。这一步骤结束后,再进行朗读和词语扩展、用指定词语问答、完句等口头表达练习。这样,在生词讲练的环节中,听说读写就有机地结合起来了。

（四）语言交际能力训练

语言交际能力指运用语言进行交际的能力,包括口头交际能力和书面交际能力。范开泰（1992）指出汉语交际能力包含三个方面的内容:①汉语语言系统能力,即在使用汉语时具有合语法性和可接受性;②汉语得体表达能力,即能根据说话人和听话人的具体条件和说话时的具体语境选择最恰当的表达方式;③汉语文化适应能力,即在使用汉语进行交际时能适应中国人的社会文化心理习惯。

语言交际能力的形成要经过一个从语言知识向交际能力转化的过程。大体的转化过程可以描述为"语言知识→语言技能→语言交际能力"。第二语言学习者首先获得的是语言知识,通过操练使这些知识转化为听、说、读、写等语言技能,再通过课上的交际训练与课下的交际实践使语言技能转化为语言交际能力。

第二语言教学的最终目标是培养学生运用目的语进行交际的能力。语言要素的教学、文化因素的教学与语言技能的训练都要以培养和提高学生的语言交际能力为出发点,通过有针对性的交际训练,将交际引入课堂,实现教学活动的交际化。如句型教学的一般模式是:句型导入——句型操练——交际性练习。课文练习的最后一个步骤一般是用所学词语、句式以及功能表达方式进行情景对话或就某一话题进行讨论、辩论、演讲等,也属于交际性练习。交际性练习是体现教学目的的环节,是教学中掀起高潮的环节,是课堂教学的"压轴戏"。此外,学完与天气有关的词语和表达方式后让学生课后听电视台或广播中的天气预报、学完中文书信格式后给老师或同学写中文信并寄出去可以看做是课堂交际练习的延伸,目的都是在于帮助学生实现语言技能向交际能力的转化。

三　汉语综合技能训练的目标

初级阶段——初级阶段的教学目标是使学生通过这一阶段的学习达到汉语水平等级标准规定的初等二级水平。即,掌握汉语普通话全部声、韵、调;甲乙两级词 3051 个;甲乙两级汉字 1604 个;甲乙两级语法 252 项。具备基本的汉语听说读写能力。

中级阶段——中级阶段的教学目标是使学生通过这一阶段的学习达到汉语水平等级标准规定的中等三级水平。即,掌握汉语普通话全部声、韵、调以及轻声、儿化;甲乙丙三级词 5253 个;甲乙丙三级汉字 2205 个;甲乙丙三级语法 652 项。具备一般性的汉语听说读写能力,具备在中国高等院校入系学习的语言能力。

高级阶段——高级阶段的教学目标是使学生通过这一阶段的学习达到汉语水平等级标准规定的高等五级水平。即,掌握汉语普通话全部声、韵、调、轻声、儿化以及语气、重音;至少掌握甲乙丙丁四级词 8852 个;甲乙丙丁四级汉字 2905 个;甲乙丙丁四级语法 1168 项。具备从事较高层次的学习、社交活动和带有一定专业性工作的能力。言语活动符合汉语的规范性,体现汉语的多样性,显示汉语运用的得体性,适应不同语体的不同需要。对所学汉语的文化背景和语义内涵应有较深的了解和活用的能力,并初步具备运用汉语进行思维的能力。

第三节　汉语综合技能训练的教学环节、教学方法和技巧

综合课教学一般包括复习、新课教学、小结、布置作业四大环节。

一　复习环节的目的和方法

这一环节主要有三个目的：①检查学生对前一课或前几课学过的内容的复习和掌握情况，弥补前一次教学中的不足之处，对学生理解不够准确、掌握不够扎实的部分再次进行适当的讲练；②进一步熟悉和巩固旧知识；③以旧带新，为新课学习做铺垫。

复习的方法主要有以下几种：听写上一课学过的生词或句子（初级阶段），用所学词语、句型等进行问答练习，根据语境用所学词语或句式说一句话，用指定词语或结构说一段话，听一段话后回答问题并复述，情景对话，简述上一课课文大意等。复习的环节一般控制在 10 分钟之内。

二　新课教学环节的步骤和方法

新课教学是教学过程中最重要的一个部分，主要包括新课导入、生词讲练、语言点（基本句型、重点词语、常用句式等）讲练、课文讲练四个环节，下面我们结合教学实例介绍一下各环节的教学步骤及教学方法。

（一）新课导入

新课导入一般采用提问的方式引出与课文内容相关的话题、知识背景等。初级阶段一般只要求学生回答一两个与课文内容相关的问题，如《汉语教程》第 37 课课文 1 谈到上海和北京的比较，可以采用如下导入方法：

今天我们学习第 37 课，我想问一下：

谁去过上海？你觉得上海怎么样？你觉得上海大还是北京大？

好，今天我们学习课文 1"上海比北京大"。（板书"上海比北京大"）

中高级阶段除了引出与课文相关的话题以外，还需要介绍一些相关的背景知识。如《桥梁——实用汉语中级教程》第 5 课的题目是"话说'面的'"，可以采用如下导入方法：

今天我们谈一种交通工具——"面的",谁知道什么是"面的"？现在在北京还能看到"面的"吗？为什么？

另外,中高级阶段的课文有些选自名人作品,学习之前要对作者及其作品做一个简介。一般要求学生课前自己查阅,课上给大家介绍。通过这一环节也可以检查学生的预习情况。

(二) 生词讲练

生词讲练的目的一是帮助学生扩大词汇量,二是为新课学习打好基础。生词讲练要注意区分一般词语与重点词语,要根据词语的不同特性确定讲练的内容和方式,还要注意根据不同阶段的教学任务及学生的语言水平把握好讲练的"度"。另外,要遵循由小到大、由浅入深的原则,从词到词组再到句子,逐级扩展,并注意与课文内容结合起来,为之后的语言点教学与课文教学做好铺垫。

1. 初级阶段生词讲练的基本步骤

(1) 听写生词

听写生词时,教师要根据当课生词的特点和讲练语法点及课文的需要决定听写的顺序。可以按照生词在课文中出现的顺序写,也可以重新编排,根据事先安排好的位置标出序号,还可以根据需要补充一些词。如《汉语教程》第 37 课课文 1 语法教学的重点是"比较句"。课文包括两方面的内容——介绍上海的情况,比较上海跟北京的情况。根据下一步词语扩展、语法讲练和复述课文内容的需要,生词听写顺序可作如下安排:

1 火车	2 上海	3 最	4 工商业	5 城市
6 变化	7 增加	8 建筑	9 变	10 更
11 旅馆	12 饭店	13 暖气	14 家庭	
		15 比		
16 公园			17 这么	*18 大
19 天气				20 暖和
21 预报	22 气温		*23 高	24 度

(带 * 号的为补充词)

（2）纠正错字

教师先让大家一起检查黑板上有没有写错的字，谁发现谁指出并到前边将写错的字改过来。

（3）说出没写出来的字应该怎么写

（4）朗读生词

1）教师领读

2）学生个别读（每人读 4—5 个，教师注意纠音）

3）教师领读发音较难的词

4）学生集体朗读

（5）生词扩展练习

例 1：

　　火车

　　一辆火车

　　坐火车

　　坐火车去上海

例 2：

　　城市

　　大城市/小城市/漂亮的城市

　　工业城市/商业城市/工商业城市

　　上海是中国的工商业城市

　　上海是中国最大的工商业城市

2. 中级阶段生词讲练的基本步骤

（1）学生朗读生词

（2）教师领读生词

（3）对学生提出的问题做出解释

（4）语素组词练习

中级阶段要加强语素教学的力度，练习方法是从生词中选择一些构词能力强的语素进行组词练习。

例：《桥梁》第 5 课生词中有"可惜""孕妇"，其中"可""妇"是构词能力较强的语素,而且学生已经学过一些包含该语素的词,可在这一课做一下组词练习。

可——可惜、可怜、可怕、可爱、可恨、可气

妇——孕妇、妇女、主妇、少妇、夫妇、妇人、妇科

(5) 词语搭配练习

例:《桥梁》第5课生词"挨"。

1) 学生集体朗读书上的词组,读后教师对学生不明白的词组的意思进行说明。

[～宾]～批评 | ～骂 | ～欺负 | ～饿 | ～冻 | ～他们打 | ～雨淋 | ～烟熏 | ～蚊子咬 | ～时间 | ～日子

[状～]艰难地～过了那段日子 | 勉强地～过去了 | 总算～过去了 | 从未～过罚 | 一直～训 | 始终～欺负

[～补]～惯了欺负 | 挨打～怕了 | ～不了冻 | ～了一巴掌 | ～过好几次打 | 好容易～过去了

2) 结合朗读的词组说明词的意义、用法方面的特征。

提问:大家看看"挨"的宾语有什么特点呢?

说明:"挨"的宾语一般是动词或小句,是不好的事情。如可以说"挨批评",不能说"挨表扬"。

提问:"挨时间""挨日子"的"挨"是什么意思呢?

答案:辛苦地过(时间/日子)。

(先让学生回答,如果答不出来让学生听一句话推测词义:"小时候他家里很穷,挨过一段苦日子。")

3) 练习。老师先用"挨"问问题,让一位学生回答,然后学生之间用"挨"进行问答练习。

例:你挨过老师的批评没有?

夏天的时候,你经常挨蚊子咬吗?

你开车时,挨过罚吗?

高级阶段的生词量比较大,要求学生课前通过预习了解生词的词义,课上一般不设独立的生词讲练环节,或者只设朗读生词的环节。生词练习一

般与课文讲练结合在一起,利用课文提供的语境帮助学生理解和掌握词语的意义与用法。

(三) 语言点讲练

初级阶段的语言点以汉语的基本句型为主,下面以"比较句"为例展示一下句型讲练的基本步骤及方法。

1. 句型(1)导入

教师:今天我们学习"比"的用法。

(板书)　比

(对一位个子比老师高的同学)……同学,请到前边来一下。

(老师跟该同学站在一起)你们看,……同学高还是老师高?

学生:……同学高。

教师:用"比"怎么说呢?

(引导学生跟老师一起说出"……同学比老师高"并板书句型(1))

A　　比　　B……

……同学　比　老师　高。

2. 句型操练

1) 用"比"进行问答练习

例1:

问:(指着某两位同学的书包)……同学的书包大还是……同学的书包大?

(先集体回答,再让一位同学重复)

例2:

问:你觉得今天冷(热/暖和/凉快)还是昨天冷(热/暖和/凉快)?

答(个人):(略)

问:……同学觉得今天冷(热/暖和/凉快)还是昨天冷(热/暖和/凉快)?

答(集体):(略)

(先让一位同学回答,再让集体回答)

2) 用"比"改说句子

例：我们班有 15 个学生,他们班有 13 个学生。

→ 我们班的学生比他们班多。

句型(1)导入与句型操练结束后,可以参照上述模式进行句型(2)A 比 B＋动词＋宾语(我比弟弟喜欢玩)、句型(3)A 比 B＋动词＋程度补语(我比弟弟跑得快)、句型(4)A 比 B……＋数量补语(我比他大两岁)、句型(5)A 比 B……一点儿/得多/多了、句型(6)A 不比 B……、句型(7)A 有/没有 B(这么/那么)……(北京的冬天没有哈尔滨那么冷)、句型(8)A 不如 B……的导入与句型操练。

●注意

讲练句型(5)"A 比 B……一点儿/得多/多了"时要注意展示常见的错误例：

我比他一点儿/比较/很高。　　　　　　　　　　　　(×)

讲练句型(6)"A 不比 B……"时要注意展示常见的错误例：

我比他不高。　　　　　　　　　　　　　　　　　　(×)

讲练句型(7)"A 有/没有 B(这么/那么)……"时要说明这个句型的肯定式多用于疑问句,否定式多用于陈述句。

讲练句型(8)"A 不如 B……时"要注意比较句型(6)(7)(8)在语义与语用上的异同：

"A 不比 B……"是"A 比 B……"的否定式。以下两种情况都可以用这个句型表示：一是"A 跟 B 一样……",二是"A 没有 B……""A 不如 B……"。如"他跟我跑得一样快""他没有/不如我跑得快"的情况都可以说"他不比我跑得快"。但是"他没有/不如我跑得快"只表示一种情况,即"他比我跑得慢"。

3. 交际性练习

让学生用上面学过的句型根据要求进行表达练习。

如：比较自己和某个人身高、年龄、爱好等方面的差异。

比较自己的房间跟别人的房间。

比较两地的气候。

初级阶段的语言点讲练可以在课文讲练之前进行,也可以与课文讲练结合起来进行。如《汉语教程》第37课的语言点有三个:比较句、数量补语、感叹句。其中"比较句"涉及的句型较多,语法规则较复杂,是这一课的语法教学重点,适合在课文讲练之前进行集中的大量的练习,数量补语可以与比较句结合起来练习。感叹句句子结构比较简单,另外,通过上下文体会感叹的语气更加直观,适合在课文讲练时进行练习。

中高级阶段的语言点讲练一般与课文讲练结合起来进行,具体步骤与方法见课文讲练部分。

(四) 课文讲练

初级阶段的课文多为对话体或叙述体短文,一般以整篇课文为一个讲练单元。中高级阶段的课文多为长篇的叙述体文章,一般要分几讲才能完成。教师事先应综合考虑教学时间以及词汇量、语言点等因素,将课文切分成意义相对完整的几个部分。课文讲练可以从听入手,也可以从读入手,要根据课文的内容和特点选择适宜的讲练方式。在朗读课文或不看书跟老师说课文的环节,注意在帮助学生理解和掌握课文内容的同时加强发音技巧的训练。在讲练过程中,要注意各环节之间的内在联系,按照由浅入深、循序渐进的原则,由单句练习到对话练习再到成段表达练习,由机械练习到模仿练习再到自由表达练习,每一个环节都要为下一个环节做好铺垫,使整个讲练过程环环相扣、层层推进、步步深入。

1. 初级阶段

以《汉语教程》第37课的课文1为例:

上海比北京大

山本:田芳,上海怎么样?我想坐火车去上海旅行。

田芳:上海很好,这几年变化很大。今年暑假我还在那儿住了一个月呢。我一个同学家就住在上海。

山本:上海没有北京大吧?

田芳:不,上海比北京大,人口也比北京多。上海是中国最大的工商业城市。这几年,增加了不少新建筑,上海比过去变得更漂亮了。

山本:上海的公园怎么样?

田芳:上海的公园没有北京的多,也没有北京的公园这么大。

山本:上海冬天是不是比北京暖和一点儿?

田芳:上海不比北京暖和。

山本:可是我看天气预报,上海的气温比北京高得多。

田芳:是,上海的气温比北京高几度,但因为屋里没有暖气,所以还
　　　没有北京暖和。

山本:上海人屋里没有暖气?

田芳:是的。旅馆和饭店里有,一般家庭没有。

(1) 听一遍课文录音

(2) 教师领读课文

(3) 学生分角色朗读课文

(4) 不看书跟老师说课文

(5) 不看书回答问题

　　例:山本想做什么?

　　今年暑假田芳在上海住了多长时间?

　　上海是中国最大的什么城市?

　　这几年,上海的变化大吗? 有什么变化?

教师可以边提问边补充一些词语与句式,(在听写生词的步骤中已将生词列在黑板上了)为下面的复述练习做铺垫。这一步骤结束后,板书内容增加如下:(带 * 号的为新增添的词语)

火车	上海	最	工商业	城市
变化	增加	建筑	变	更
旅馆	饭店	暖气	家庭	
*上海		比	*北京	大
人口	*也	～	～	*多
公园		*没有	～　这么	～
冬天　天气	*不	比	～	暖和
预报　气温		～	～	高　*得多
*虽然　～		～	～	～　度

　　　　＊但是，因为……，所以……

（6）复述课文内容（先个人复述，后集体复述）

分成两部分复述，第一部分参照板书前三行内容介绍上海的情况；第二部分参照板书第四行以下内容比较上海跟北京的情况。

（7）选用本课所学词语和句型进行对话练习

　　情景：一个同学想去某个地方旅行，向另一位同学了解那个地方的情况，并与现在所在的地方进行比较。

这篇课文还可以采用以下讲练方式：

（1）听老师说两遍课文内容

教师分两部分说，第一部分参照板书前三行内容介绍上海的情况，第二部分参照板书第四行以下内容比较上海跟北京的情况。教师边说边板书补充词语。

（2）回答问题

（3）复述（先个人复述，后集体复述）

回答问题与复述也是分两部分进行，先回答和复述第一部分的内容。然后进行第二部分内容的听后回答与复述练习。

（4）打开书，教师领读课文

（5）学生分角色朗读课文

（6）不看书跟老师说一遍课文

（7）选用本课所学词语和句型进行对话练习

上面的两种练习方式练习的内容一致，但练习的顺序有所不同，在教学中设计哪些练习内容、采取哪种练习形式，教师应根据课文的特点与学生的接受能力做出适宜的选择。

　　2. 中级阶段

以《桥梁》第 5 课第 1 讲（课文第 1、2 段）教学为例：

话说“面的”

　　年龄不饶人，过了 80，有些事就<u>力不从心</u>了。尤其是一个退休的老人，整天足不出户，也憋得慌[1]。想出门，<u>至多</u>[2]在附近<u>遛遛</u>。想走远点，上下公共汽车，得要点<u>勇气</u>。除了小跑赶车外，到了车门，还得两手抓着点什么,因为腿脚不<u>灵</u>了。可上下车都得挨 <u>训</u>:"快点! 快点!"能快,我干吗<u>磨蹭</u>啊! 人们不<u>理解</u>,青年人一<u>蹬腿</u>[3]就上了车,一跳就下了车。那年月我也有过啊! <u>可惜</u>,时光 <u>一去不复返了</u>! 上了车<u>甭</u>想找个座,车上好像早已取消了老幼孕妇席。意外有个座,见到后上车的老弱病人站不稳,或抱小孩的人,我也是自觉地站起让座。老了,不参加活动,也不可能。<u>不仅</u> 心气高,不服老,同时也想和老朋友<u>团聚</u>团聚,说说话。可喜的是,这两年街上出现了"面的"(小面包的士),10公里 10 元钱,一个月花这么一次两次也<u>值</u>! 因为人生的温暖不是用钱来计算的。能参加一个座谈会,或者少数几个人约着到一个地方<u>聚聚</u>,喝杯茶,<u>消磨</u>一两个小时,精神得到满足,似乎我还活在人群中。

　　(画横线的是生词,[1][2][3]为重点词语,笔者加。)

(1) 听课文录音或听老师读一遍课文(只听当天要学习的部分)

(2) 分段讲练课文及其中的重点词语

第一段:

1) 学生朗读课文,教师注意纠正重音、停顿、语调等问题

2) 重点词语讲练

例:⋯⋯得慌

　　●导入

　　问:这里面说退休的老人"整天足不出户","足不出户"是什么意思? 退休的老人整天足不出户,觉得怎么样呢?

　　●说明

　　问:"⋯⋯ 得慌"的意思是"有点 ⋯⋯""比较 ⋯⋯"还是"非常⋯⋯"?

　　(由此引出"⋯⋯得慌"的基本义:表示程度高。)

　　●讲练

例 1:设置语境,让学生用"⋯⋯得慌"说一句话。

　　语境:如果你早上没吃早饭,现在觉得很饿。用"⋯⋯得慌"怎么说?

例 2:用"⋯⋯得慌"改说句子。

教师：舞厅的音乐声太大，让人觉得很吵。

学生：（先集体说后个人说。）

●归纳用法要点

要点1："……得慌"前是形容词或者心理活动动词。

要点2："……得慌"主要用来表示身体或者心理的感觉，一般不用来评价人或事怎么样。如，不能说"汉语难得慌、这个房间脏得慌"。

要点3："……得慌"一般表示不好的感觉，如可以说"累得慌"，一般不说"轻松得慌"。

3）答疑

学生对这段课文如果还有不理解之处可提问，没有问题的话进入下一步骤。

4）成段表达练习

先将一整段分成小的片段进行练习，最后再将几个小片段连接起来。

例：

片段1："岁月不饶人——得要点勇气。"

●跟说

教师领说时要注意示范重音、停顿、自然的语速、语调及配合课文内容加上些表情、动作等。此外，教师边说边板书与语段表达有关的词语及结构，为下一步的回答问题与成段表达练习做铺垫。

板书：过了、就 、力不从心、尤其是、……得慌、至多

●问答

进一步熟悉课文并为下一步的成段表达练习做好铺垫。

问题：这一部分主要说的是什么？

对"年龄不饶人"的现象，作者是怎么说明的呢？

（引导学生根据提示词回答，先让两到三位同学进行接力式回答，每人说意义完整的一到两句话，然后全班同学一起说一遍）如：

（学生甲）年龄不饶人，过了80，有些事就力不从心了。（学生乙）尤其是一个退休的老人，整天足不出户，也憋得慌。（学生丙）想出门，至多在附近遛遛。想走远点，上下公共汽车，得要点勇气。

●语段模仿练习

话题:如果我们想从学习外语的角度谈"年龄不饶人"的现象,用上面的词语可以怎么说呢?

参考答案:年龄不饶人,过了 40 岁,学习外语就力不从心了,整天学习也累得慌。尤其是记生词,一课 30 个生词,至多记住一半。

片段 2—4 可做如下切分,练习方法参照片段 1。

片段 2:"到了车门——干吗磨蹭啊!"

片段 3:"人们不了解——时光一去不复返了。"

片段 4:"上了车甭想找个座——我也是自觉站起让座。"

●请一位同学到黑板前边,按照黑板上的指示词复述一遍第一段课文内容

第二段可参照第一段的讲练方法进行讲练。

(3)自由表达练习

介绍:自己本国老人的生活和乘坐交通工具的情况

(先分组介绍,然后请一两位同学到前边来介绍。)

3. 高级阶段

以《现代汉语高级教程》第 2 课课文第一段为例:

寻找贝多芬

肖复兴

有一段时间,我突然不喜欢贝多芬,而把兴趣转向勃拉姆斯和德彪西。我觉得世上将贝多芬那"命运敲门声"过分夸张,几乎无所不在,不仅在文学作品中屡见不鲜,以此为主人公命运的点缀,就连现在轻音乐队,也可以肆意演奏他的《命运》,强烈的打击乐莫非也能发出"命运敲门声"吗?这很有些像那一阵子将莎士比亚的《奥赛罗》改成我们的京戏,让人啼笑皆非。过分夸张,可以成为漫画,但那已经绝不再是贝多芬。而天天、处处听那"命运敲门声",实在也让人受不了。贝多芬既非指明照灯那样的思想家,也不能通俗得如同敲打不同的爵士鼓。

(画横线的是生词,带着重号的是本段中起衔接作用的代词和关联词语,笔者加。)

（1）朗读课文

（2）课文与语言点讲练

在这个环节，语言点讲练与课文串讲相结合，以课文内容为中心，在语篇的框架中练习重点词语和句式，把握话语之间的语义关系及衔接方式。通过一系列有机联系的问题启发、引导学生在句子中理解词义，在语段中理解句意，在语篇中加深对全文的整体把握。

问题1：作者在文章的开始告诉读者的是什么？

板书：突然 而 转向

问题2：他突然不喜欢贝多芬的原因是什么？

板书：夸张 无所不在

词语：无所不在

释义：（启发学生说，教师提供帮助，下同。）

练习：现在到处都是广告，这种现象用"无所不在"怎么说？

问题3：关于贝多芬"命运敲门声"无所不在的现象，作者是怎么说明的？

板书：不仅……，就连……，也……

句式：不仅……，就连……，也……

说明：我们想说明某种情况达到很高的程度时可以用这个句式。

练习：

例：如果想说明"广告无所不在"，用这个句式怎么说？

如果想说明一个人工作很忙，没有时间休息，用这个句式怎么说？

问题4：具体来说，贝多芬"命运敲门声"在文学作品中的情况怎么样？

板书：屡见不鲜 以此为 点缀

词语：屡见不鲜

释义：（略）

练习：在北京什么现象屡见不鲜？

我们还学过哪些由"屡"构成的词？

词语："以此为……"中的"以""为"的意思，"此"指代的内容

词语：点缀

问："以此为主人公命运的点缀"是什么意思？

讲练：

动词

1）使看起来更好看，更美好

设置语境导出例句：

人们喜欢用花儿点缀房间。（带宾语）

在毛衣上系一条围巾点缀一下。（带补语）

美丽的灯把广场点缀得很漂亮。（带补语）

这面墙上什么都没有，应该挂幅画儿点缀点缀。（重叠）

练习：你喜欢用什么点缀房间？

2）使看起来有面子

设置语境导出例句：

有些公司开张时喜欢请名人到场点缀。

练习：如果你以后开公司，打算请名人到场点缀吗？为什么？

问题5：贝多芬"命运敲门声"在演奏方面的情况怎么样？

板书：肆意

词语：肆意

释义：（略）

近义词：任意

比较：肆意、任意

相同点：都可以作状语，表示按照自己的意愿做事。

不同点：

1）语义方面

"任意"侧重表示不按规则、不受约束地做事，好事坏事都可以用。

例1：装修时不能任意改变房屋的结构。

例2：老师让孩子们任意发挥自己的想象力，画出未来世界的样子。

"肆意"侧重表示做事完全没有顾忌，过分地。语意比"任意"重，多用于不好的事。

词语搭配:肆意破坏、肆意攻击、肆意欺骗

2)句法方面

"任意"还可以用作形容词,表示不受任何条件限制的。"肆意"只有副词的用法。

例:任意两点都可以连成直线。

* 肆意两点都可以连成直线。

练习:选择"任意"或"肆意"完成句子。

不能为了发展经济 任意/肆意 破坏环境。

在超市可以 任意 选择自己喜欢的东西。

我受不了他的 肆意 诽谤,把他告上了法庭。

任意 一种颜色的上衣都可以跟这条裤子搭配。

问题6:作者对轻音乐队演奏《命运》的态度是什么? 从哪些话中可以了解作者的态度?

板书:莫非……吗?   这 啼笑皆非

句式:莫非……吗?

问:作者觉得强烈的打击乐能发出"命运敲门声"吗?

"莫非……吗?"在这里表示的是什么语气?

作者用反问的语气想要表达什么意思呢?

句式对比:让学生分析一下"强烈的打击乐莫非也能发出'命运敲门声'吗?"与"强烈的打击乐不能发出命运的敲门声"的异同。

比较:"莫非"与"难道"

相同点:"莫非"和"难道"都可以用来表示推测和反问,常跟"吗""不成"一起用。

例:他怎么还没来? 莫非/难道他忘了?(推测)

大冷天你穿得这么少,莫非/难道想感冒不成?(反问)

练习:用"莫非/难道"完成句子。

他好几天没来上课了,_____?

快考试了,你怎么一点儿也不复习,_____?

不同点:针对某行为或现象进行推测或反问时,可以用"莫非",也可以用"难道"。用"难道"构成的反问句还可以用来强调某种观点,"莫非"没有这样的用法。如:

保护环境难道不是我们每个人应该做的事吗?(这句话中的"难道"不能换成"莫非"。)

词语:"这有些像……"中"这"指代的内容

词语:啼笑皆非

释义:(略)

练习:说一件让人啼笑皆非的事。

问题7:"过分夸张……让人受不了"这段话主要说的是什么问题?关于"过分夸张"的结果,作者是从几个方面谈的?

板书:过分夸张 漫画 但 而

问题8:作者对贝多芬的定位是什么?作者这样说的意思是什么?

板书:既非……,也……

(3)成段表达练习

教师利用板书内容引导学生一起总结本段内容,帮助学生从整体上把握本段的中心内容与表达层次和表达方式。边总结边让学生利用板书上的词语和句式进行片段复述,最后请一两位同学到前边进行整段复述。

三 小结环节的技巧

教师在当课教学内容完成后归纳一下本课的教学要点,有必要的话,再做一些简单的练习。这一环节的目的是通过有条理的总结,进一步加深学生对当课所学内容与学习重点的认识。

四 布置作业环节的目的和方法

综合课的作业一般包括复习巩固和预习两方面内容,目的是使学生巩固所学知识并为新课学习做好准备。复习巩固类作业主要有以下几种形式:

(1)听课文录音或做有关的听力练习;

（2）朗读课文；

（3）阅读教师指定的阅读材料（中高级阶段）；

（4）写汉字（初级阶段）；

（5）笔头造句（初中级阶段）；

（6）用指定词语写一段话；

（7）根据要求改写课文（中高级阶段）；

（8）就课文中涉及的话题写一篇文章（中高级阶段）。

预习的重点是新课生词、课文、与课文相关的文化背景知识（中高级阶段）。生词要求了解词义并会读会写，课文要求阅读后了解大意并标出不明之处以便在新课学习时提出问题。

参考文献

陈淑梅　2005　《小点心》，日本放送出版协会

陈田顺主编　1999　《对外汉语教学中高级阶段课程规范》，北京语言文化大学出版社

范开泰　1992　论汉语交际能力的培养，《世界汉语教学》第 1 期

刘英林主编　1996　《汉语水平等级标准与语法等级大纲》，高等教育出版社

王钟华主编　1999　《对外汉语教学初级阶段课程规范》，北京语言文化大学出版社

杨惠元　1996　《汉语听力说话教学法》，北京语言文化大学出版社

赵金铭　1996　教外国人汉语语法的一些原则问题，《中国对外汉语教学学会成立十周年纪念论文集》，北京语言文化大学出版社

赵金铭主编　2004　《对外汉语教学概论》，商务印书馆

周　健、彭小川、张　军　2004　《汉语教学法研修教程》，人民教育出版社

本章有关实例选自下列教材

陈　灼主编　1996　《桥梁——实用汉语中级教程》，北京语言文化大学出版社

杨寄洲主编　1999　《汉语教程》，北京语言文化大学出版社

马树德主编　2002　《现代汉语高级教程》，北京语言大学出版社

第二章 汉语口语技能教学法与教学技巧

第一节 汉语口语技能训练的目的

汉语口语技能训练是以培养学生汉语口头交际能力为目的的专门性训练。训练的重点是口头表达能力，包括语音能力、选词造句能力、成段表达能力和语用能力等。

语音能力包括发音及运用声音技巧的能力。通过训练要求学生掌握正确的发音，恰当地运用重音、停顿、语速以及语调等表情达意。

在汉语中，说话时声、韵、调的准确与否直接影响到交际能否顺利进行。比如，是要"汤"还是要"糖"，前边有条"沟"还是有条"狗"，是买"报纸"还是买"包子"，发音不对就会闹误会。

重音用来强调句子的表达重心，有区别语义的作用。如："他是日本人"回答的是"谁是日本人"的问题，而"他是日本人"回答的是"他是哪国人"的问题。再如，"是啊""可不是"都表示同意。但是"是啊"是以肯定的形式表达肯定的意思，重音应该在表示肯定的"是"上。而"可不是"是以否定的形式强调肯定的意思，所以重音应该落在表示强调的副词"可"上，而不能落在否定词"不"上。

停顿也有区别语义的作用。比如，"上海队打败了，山东队获得冠军"与"上海队打败了山东队，获得冠军"，同样的词语组合，因为停顿的不同表示的是两个完全相反的比赛结果。再如，有一则药品广告的广告词是"药材好，药才好"，显然，这条广告词的创意缘于"材"与"才"的谐音关系，在读的时候，为了凸显"药材好"与"药才好"的意思，后半句的"药才好"的"药"与

"才"之间要有明显的停顿,否则让人听起来就是说了两遍"药材好",挺好的广告词变得让人不知所云。

语速的快慢也会影响表达效果。在教学中我们发现,有些学生误以为说外语时语速越快,显得水平越高。这是一个错误的认识,语速过慢与过快都不自然,过慢让人听着着急,过快会令人听不清楚。在教学中,教师应该从一开始就训练学生以正常的语速朗读和进行会话练习。时间长了,学生就会习惯用正常的语速说话,也容易听懂一般人以正常语速说出来的话。

语调的高低轻重也是表情达意的重要手段。我们说话时,每句话都有一定的语调,表示一定的语气和感情。一般来说,陈述句多用平直的语调,疑问句常用上升的语调,祈使句多用下降的语调,感叹句则用曲折的语调。在实际交际中,我们通常仅凭语调就能判断出说话人的态度或情感。比如:

① A:咱们去看电影吧。

　　B:好啊,看什么电影?

② A:咱们去看电影吧。

　　B:明天就要考试了,看什么电影?

同样是"看什么电影",在例①中用于询问电影的名字或类型,在例②中是对别人的提议表示反对。前者应该用轻且上扬的语调,后者则应用重且下沉的语调。如果将这两句话的语调互换,承接前言,听起来会多么别扭,而且必定会令受话人感到莫名其妙。

选词造句能力指能够根据交际环境,从语义表现、句法要求、语用得体性等各个方面综合权衡已经掌握的词语并最终加以运用,造出合乎汉语语法规则与表达习惯的句子。如,我们可以说"她有一双大眼睛",但是不能说"她有一双大大眼睛",应该说"她有一双大大的眼睛"。因为根据汉语的语法规则,单音节形容词修饰名词时,形容词与名词之间可以不加"的",但是形容词重叠式修饰名词时,除少数惯用法外,必须加"的"。再如,我们可以说"贵重的礼物",但是不能说"贵重的时间",因为"贵重的时间"虽然符合"形+名"的语法规则,但"贵重"适用于具体的事物,而"时间"是抽象事物,因此"贵重的时间"属于语义搭配不当。另外,表示自己不能或不会做某事时,来自英语圈的学生常用的表达方法是"我不认为我行"。这显然是套用了英语的表达方式"I don't think I can",是典型的英语式汉语,而更符合汉语表达习惯的说法应该是"我觉得我不行"。

成段表达能力训练包括两个方面:一是把两个或两个以上的句子组合成语段的能力,二是把两个或两个以上的语段组合成语篇的能力。对第二语言学习者来说,用目的语进行一问一答的对话比较顺利,但要连续讲一段话时就感到有些困难。说出来的往往是一个个孤零零的单句,句与句之间,段与段之间缺乏自然的连接。如,一个初级班学生介绍自己的高中时说:

> 我来介绍我的高中。我的高中在神奈川县的江之岛。<u>高中</u>的名字是镰仓高中。<u>高中</u>很好的地方建着(应改为"建在很好的地方")。<u>高中</u>在前面大海(应改为"前面是大海"),我喜欢看大海,我是高兴(应改为"我很高兴")。

上面这段话中出现了五次"高中",后三个"高中"都可以省略。最后两句话,"我喜欢看大海,我很高兴",在语义上是因果关系,用"因为……,所以……"将其连接起来更自然。

再看下面一段话:

> 今天我谈谈日本人跟台湾人在概念(应改为"观念")上的差异。<u>那就是</u>,日本人跟台湾对职业的概念(应改为"观念")的差异。
>
> 很多台湾人,尤其是商人和上班族,在他们的心目中,<u>他们</u>总有一个梦想,就是到("到"应去掉)有一天。他们要当一个老板。
>
> <u>对</u>日本人,<u>日本人</u>喜欢属于一个大企业。他们上班的公司的名字就是他们个人的名牌(可改为"名片"或"标志")。如果有人问"你做什么工作",假如你回答你的工作内容是什么,那个人可能一点也摸不着头脑。因为他想知道的是<u>他</u>在哪一家公司工作,<u>关于</u>他在那里做什么,他几乎一点也不在乎。……

这是中级班学生讲的一段话,孤立地看其中的每个句子,用词不当及语法错误并不多。但是作为完整的语篇,句子之间、段落之间的连接还不够准确和连贯。如第一段中"日本人跟台湾人在观念上的差异"与"日本人跟台湾人对职业的观念的差异"这两个词组,在语义关系上是上下位关系,不应该用表示等同关系的"那就是"来连接。可以将其组成一句话,"今天我谈谈日本人跟台湾人在职业观念上的差异"。第二段中画横线的"他们"可以省略。第三段中画横线的"日本人"应该用"他们"来替代,两个介词"对"和"关于",根据上下文的语义关系,应该改为"至于",引出与前文相关的另一话题。

田然(1997)曾分析了留学生上万字的语段表达语料发现,即使在中高级阶段(接受了 9 个月至一年以上正规课堂教学,掌握了基本语法,词汇量3000 以上或同等程度学生所达到的阶段),学生的表达还普遍存在连接词语的贫乏与滥加现象。而且没有发现一个学生在介绍或评述时用"至于"转移话题,用"加上"补充话题。

鉴于此,口语技能训练不能只停留在单句练习和会话练习上,还应注意培养学生的成段表达的能力,以适应交际的各种需要。

语用能力训练的重点是交际的得体性,即根据交际目的、交际场合、交际双方的身份选择恰当的表达方式,还要适应中国人的社会文化心理习惯。一位汉语老师表扬学生有进步,那位学生来了一句"老师,你别拍我马屁了",说完还很得意自己知道这么"地道"的汉语,却把老师弄得哭笑不得。这句话虽然没有语法错误,但是不得体。再如,代词"人家"可以指代定指的"他"、不定指的"他"和说话人自己。但一般来说,指代说话人自己时多为小孩或女人使用,如一个女孩对约会迟到的男朋友说"你怎么才来,人家等你半天了",有娇嗔的味道。但是如果换过来,是小伙子对女朋友说,听起来就不太自然。另外,中国人用"吃了吗?""去哪儿啊?"来打招呼,天气冷时要对朋友说"多穿点儿"以示关心。如果不了解中国的文化习俗可能会认为中国人爱干涉别人的生活,而听到中国人送客时让客人"慢走",大概更觉得不可思议。对目的语文化的适应能力也是语言交际能力培养的重要内容。

第二节　汉语口语技能训练的层次

口语技能训练是一个由浅入深、循序渐进的过程。训练要有层次,分阶段,要根据不同的教学对象与教学阶段确定不同的训练重点与训练目标。

《汉语水平等级标准》将汉语水平等级划分为三等五级,我们可以结合这一标准,将口语技能训练分成初、中、高三个阶段、五个层次。每个阶段有相应的训练重点和要达成的目标。

一　初级阶段

(一)初级(1)

学生水平:零起点。

训练重点:语音和单句。

训练目标:说的能力——能应付最基本的日常生活(如衣、食、住、行,介绍个人、家庭情况)、简单的社会交际(如问候、感谢)和有限的学习需要(如课堂活动)。

在课堂上,能够回答教师的提问,提出自己的问题;对 300 字到 400 字的话题熟悉的材料能够复述大意;可以就同课文内容类似的话题进行连续对话。语音语调基本正确,语速接近正常,语句较连贯。

在实际交际中,能够就上述熟悉的话题作简短的问答和陈述,能说简单句和由简单句组成的语段,具有初步会话能力。

在文化适应能力方面,了解中国人使用的基本的礼貌用语。

(二)初级(2)

学生水平:已掌握汉语甲级词 1033 个和甲级语法 129 项的 90%以上。

训练重点:语音、复句和简短的语段。

训练目标:说的能力——初步满足基本的日常生活(如个人爱好、业余文化生活、参观、旅游)、社会交际(如会见、介绍、祝贺、告别)和一定范围内的学习需要(如与教师和同学的问答)。

在课堂上,能够主动参与教学活动,提出问题,发表简短的意见;能够就所听过的、同课文内容相近的、长度为 500—600 字的语言材料,进行比较流利的复述,内容比较完整,语速接近正常。

在实际交际中,能够就上述熟悉的话题进行一般性面对面的交谈,能使用少量比较复杂的句式,有一定的成段表达能力。

在文化适应能力方面,了解中国人基本的生活方式和文化传统。

二 中级阶段

学生水平:已掌握汉语甲乙两级词 3051 个和甲乙两级语法 252 项的 90％以上。

训练重点:语音和比较连贯的语段或话轮。

训练目标:说的能力——可基本满足一般性日常生活、社会交际、学习和一定范围内的工作需要。

在课堂上,能够就熟悉的话题与教师和同学进行讨论,发表自己的意见,能够进行成段表达,语句较连贯,用词较恰当。能够使用一些比较复杂的句式,有一定的活用语言的能力。语音语调基本正确,语速基本正常。

在实际交际中,能够就一般性日常生活或社会交际活动话题较流利地进行交谈;能够办理有关手续,进行一般交涉和业务洽谈;基本能够表达自己的意见和思想感情。

在文化适应能力方面,了解中国人的风俗习惯及在特定场合中的语言表达习惯。

三 高级阶段

(一) 高级(1)

学生水平:已掌握甲乙丙三级词的 5253 个及甲乙丙三级语法 652 项、点的 90％以上。

训练重点:语音和逻辑性强、起承转合自然的语段或话轮、内容和形式相对简单的语篇。

训练目标:说的能力——可满足生活、学习、各种社会交际活动和一般性工作需要。

在课堂上,能够就学习、社会生活的各种话题进行课堂讨论和辩论,能较有系统、较完整地发表自己的见解,并能进行答辩。语音语调基本正确,语速正常,语句连贯,用词基本恰当,语言表达基本得体,能使用一定数量较为复杂的句式,有活用语言的能力。

在实际交际中,能够就各种社交活动的有关话题流利地进行交谈。能进行有关业务交涉和洽谈,能够较完整地表达自己的意见和思想感情。

在文化适应能力方面,了解社会文化现象背后中国人的价值观念。

(二) 高级(2)

学生水平:已掌握甲乙丙三级词及丁级词的 50％共约 7000 个、甲乙丙三级语法及丁级语法的 50％共约 910 项、点的 80％以上。

训练重点:语音和中心明确、阐述清晰有序的语篇。

训练目标:说的能力——能满足较高层次的学习、社会交际活动和带有一定专业性的工作需要。

在课堂上,能够就社会生活的各种话题进行讨论、辩论和演讲,能系统完整地发表自己的见解,有较强的成篇表达能力,并能进行流畅的答辩。语音语调正确,语句连贯,必要时语速可适当加快,语气变化适当。能使用较繁难的词汇、较复杂的句式。表达连贯而得体,有较强的活用语言的能力。

在实际交际中,能够针对不同的对象就各类社交活动的有关话题流利地进行交谈,能进行带有一定专业性的业务交涉和谈判,能在公开场合进行即兴发言,能自觉地选择那些层次较高的、带有文化背景的语言材料充分而得体地表达自己的见解和思想感情。

在文化适应能力方面,了解中国人的思想观念、伦理道德意识以及民族心理特征。

第三节　汉语口语技能训练的教学环节

杨惠元(1996)指出:说话训练的原则是从交际目的出发,进行有指导的说话练习,达到提高交际能力的目的。

所谓"从交际目的出发",指的是说话训练中训练内容的确定、训练环节的安排以及训练方式的选择,都要以培养学生的口头交际能力为出发点,要将语言知识的传授与言语技能的培养结合起来,有效地实现语言知识到语言技能再到语言交际能力的转化。所谓"进行有指导的说话练习",是指训练要有章法,要遵循说话的规律,要有教师的指导,从易到难,循序渐进。所谓"达到提高交际能力的目的",是说训练要讲实效,通过训练,学生能够应付日常生活和工作中各种不同场合的交际任务。

　　课堂口语技能训练一般包括复习、新课教学、小结、布置作业四个环节。关于复习、小结与布置作业的环节,请参见汉语综合技能训练法与教学技巧中关于教学环节的相关说明。不过与综合课不同的是,口语技能训练以听说练习为主,在各教学环节中一般不设计或要求学生做听写、笔头造句、作文之类的笔头练习。

　　新课教学主要由话题导入、生词讲练、语言点讲练、课文讲练四个环节构成。其中生词和语言点讲练重点训练学生的发音和组词造句能力,同时为下一步的课文讲练做好铺垫。课文讲练重点培养学生运用声音技巧的能力、会话能力和成段表达能力。

　　下面结合课堂教学实例介绍一下新课教学环节的具体步骤和方法。

这个<u>主意</u>不错

　　(小陈和小吴在房间里)

　　小陈:时间过得真快啊,又到周末了,想不想去哪儿玩玩?

　　小吴:想啊,你有什么好主意?

　　小陈:这两天天儿不错,咱们<u>约</u>几个人一起去爬山好不好?

　　小吴:去爬山好是好,可是玩一次好几天<u>歇</u>不过来,[1]<u>依我看</u>不如叫几个人一起去我家<u>打牌</u>、吃饭。

　　小陈:不好,不好,我最<u>讨厌</u>打牌了。

　　小吴:那我们白天去美术馆看展览,晚上去听音乐会怎么样?

　　小陈:这个主意不错,就这么定了。可是,最近美术馆有什么好展览吗?还有,音乐会的票怎么办?

　　小吴:我们去看看再说吧。

　　小陈:别,为<u>保险</u>起见,[2]我们最好先打个电话问问,<u>省得</u>白跑一趟。[3]

　　(画横线的是生词,[1][2][3]为本课语言点。)

　　这是准中级汉语口语课本中的一篇课文。这一课的教学目的是通过多种形式的口头表达练习使学生熟练掌握生词与重点词语的意义和用法,熟练掌握与本课话题——"谈假日活动安排"有关的词语和句子,并能围绕本话题与他人进行对话或成段表达。本课教学时间为 100 分钟,复习、小结与布置作业约占 15 分钟,新课教学约占 85 分钟。可以参考以下练习步骤。

一　话题导入

(约 5 分钟)

　　提问:

　　周末时你一般做什么?

　　如果你想问别人周末想不想去玩,可以怎么问呢?

　　跟朋友商量一起去哪儿玩时,如果你朋友想去爬山,可是你不想去,你怎么说呢?

　　(指定两位同学)请你们俩商量一下周末一起去哪儿玩,我们听一下。

　　好。下面我们听听小陈和小吴是怎么说的。

　　说明　话题导入的目的在于引起学生对本课所学话题的关注。所提问题应与新课内容密切相关,先让学生就此话题回答一些问题、做简单的对话或成段表达,使他们在复习已经掌握的知识的同时对新知识产生了解和学习的兴趣,为进入新课学习做好铺垫。

　　需要注意的是,口语技能训练的重点应该放在对新课内容的学习和练习上,因此话题导入应简洁明了,不必设计过多问题和占用过多时间,以免喧宾夺主。

二　生词讲练

(约 20 分钟)

1. 教师领读生词,练习发音

2. 学生认读(每人读两到三个,教师纠音)

3. 生词扩展

例 1:主意

　　学生跟着教师说:

主意

一个主意

这个主意不错(课文中的句子)

好主意

你有什么好主意(课文中的句子)

真是个好主意

教师提问:

这个周末我们班同学要开个晚会,你有什么好主意?

学生之间问答:

请一位同学用"……,你有什么好主意?"问旁边的同学一个问题

例 2:依我看

学生跟着教师说:

依我看,骑自行车去香山比较好。

依我看,今天不会下雨。

依我看,他当老师最合适。

用"依我看"改说句子:

刚才你说周末最好去唱卡拉 OK,用"依我看"怎么说?

说明:征询别人的意见时,可以说"依你看,……?"

练习:

情景设置:你不知道大学毕业后做什么工作好,请用"依你看,……?"问一下别的同学。回答的时候要用"依我看,……"。

两位同学说完后,再请两组学生用"依你看,……""依我看,……"做问答练习,询问的内容自定。

说明　在词语讲练过程中要尽量用上课文中的句子,为下一步的课文练习做好铺垫。

三　语言点讲练

(约 20 分钟)

这一课的语言点是"省得""过来""为……起见"的意义和用法。"省得"

也是本课生词,可以在生词讲练之后、课文讲练之前练习。"过来""为……起见"可以在课文讲练过程中进行练习,可参考以下讲练方法。

1. 省得

(1) 设置情景,导出例句

教师口述情景,启发学生用"省得"说出例句,如:

情景1:你明天要参加 HSK 考试,老师担心你迟到,让你早点儿出门。用"省得"怎么说?

例句:你明天早点儿出门,省得迟到。

情景2:如果你和朋友想去听音乐,但是不知道还有没有票,你觉得直接去看看好还是先打个电话问问好?为什么?

例句:我们最好先打个电话问问,省得白跑一趟。(课文中的句子)

(2) 用"省得"完成句子

老师说前半句,学生用"省得"完成句子,如:

你最好把这个电话号码记在本子上,＿＿＿＿＿＿＿＿＿。

去旅行时最好多带点儿钱,＿＿＿＿＿＿＿＿＿。

2. 可是玩一次好几天歇不过来

(1) 说明"过来"在这里表示恢复到原来的或正常的状态

(2) 设置情景,导出例句

情景1:昨天我很累,不过睡了一觉,休息好了。

例句:昨天我很累,不过睡了一觉就休息过来了。

情景2:一个人昏迷了,过了一个月还没醒。

例句:他昏迷了,过了一个月还没醒过来。

情景3:大家担心那个人可能醒不了了。

例句:他昏迷了,过了一个月还没醒过来,大家担心他醒不过来了。

(3) 根据情景用"过来"说一句话

你听说朋友上个月住院了,问问他现在的情况怎么样。

告诉朋友,昨天你陪女朋友逛了一天商店,现在还觉得累呢。

3. 为保险起见,我们还是先打个电话问问

(1) 说明"为……起见",引出表示目的的小句

（2）设置情景,导出例句

情景 1:告诉别人为了安全不要酒后开车。

例句:为安全起见,请不要酒后开车。

情景 2:你的朋友今天要回国,飞机场离他住的地方比较远,你建议他早点儿出发。

例句:为保险起见,你还是早一点儿出发吧。

（3）根据要求说一句话

建议别人戒烟。

建议朋友住在学校的宿舍里,不要去外边租房。

说明　口语课以口语技能训练为主,语言点讲练在内容、时间及练习量上要有所控制,点到为止。

四　课文讲练

（约 40 分钟）

（1）听一遍课文

说明　在实际交际中,听与说是密不可分的,因此在口语技能训练中,我们主张听说并重,尽量将听说练习有机地结合起来。如果有条件的话,还可以将课文内容制作成录像。通过听或者边听边看的方式,学生不但可以了解课文的内容,而且会对说话人的语气、语调、语速、表情等有更直观的感受,教学过程也显得生动活泼。

（2）教师领读课文

（3）讲练"过来""为……起见"的用法（见语言点讲练部分）

（4）学生分组练习朗读,教师巡视指导

（5）两组学生朗读,其他学生听

（6）学生不看书,跟着老师说课文

说明　（2）—（5）步骤的练习目的是:①通过朗读课文,训练学生运用声音技巧的能力,如重音、停顿、语调、语速等。不看书跟着老师说还可以模仿教师说话时的语气和表情。如果有课文的录像,跟老师说可以变为跟着录像说;②使学生熟悉课文内容,为下一步就课文内容回答问题做好准备。

(7) 问答练习

1) 就课文内容提问:

　　小陈周末想做什么?

　　小吴觉得小陈的主意怎么样?

　　小吴有什么建议?

　　小陈觉得小吴的建议怎么样?

　　小吴又提出了什么建议?

　　小陈觉得这个建议怎么样?

　　小陈提出了哪两个问题?

　　小吴打算怎么做?

　　小陈的意见是什么?

2) 就功能表达方式提问:

　　如果你想问别人想不想出去玩,可以怎么问?(答案:你想不想去哪儿玩玩?)

　　如果你想听听别人的主意,可以怎么问?(答案:你有什么好主意?)

　　这篇课文中提建议时用了哪些句子?

　　(答案:……,好不好?/……怎么样?/最好……)

　　如果不同意别人的建议,可以怎么说?

　　(答案:……好是好,可是……/不好,不好,我最讨厌……了)

　　如果同意别人的建议,可以怎么说?

　　(答案:这个主意不错,就这么定了。)

　　说明　这一步骤练习的目的是:①通过问答练习训练学生对汉语的快速反应能力和应答能力;②培养学生根据交际任务恰当选择表达方式的能力;③巩固当课学过的生词和重点词句;④进一步熟悉课文内容,为下一步的复述练习做好铺垫。

(8) 复述练习

　　根据提示词分别以第三人称和第一人称介绍小陈和小吴对话的内容:

提示词：又到……了，想，主意，约，……是……，可是，V不过来，不如，讨厌，还有，再说，为……起见，最好，省得

参考答案1：（以第三人称复述）

又到周末了，小陈和小吴都想去玩玩。小吴问小陈有什么好主意。小陈觉得这两天天儿不错，想约几个人一起去爬山。小吴觉得爬山好是好，可是玩一次好几天歇不过来，不如叫几个人一起去他家打牌、吃饭，可是小陈最讨厌打牌了，所以觉得这个主意不好。最后他们决定白天去美术馆看展览，晚上去听音乐会。不过他们不知道最近美术馆有什么好展览，还有音乐会的票怎么办。小吴想去看看再说。但是小陈觉得为保险起见，最好先打个电话问问，省得白跑一趟。

参考答案2：（第一人称，以小陈的身份）

时间过得真快，又到周末了，我问小吴想不想去哪儿玩玩，他说想去，问我有什么好主意。我觉得这两天天儿不错，想约几个人一起去爬山。小吴觉得爬山好是好，可是玩一次好几天歇不过来，不如叫几个人一起去他家打牌、吃饭，可是我觉得这个主意不好，因为我最讨厌打牌了。最后我们决定白天去美术馆看展览，晚上去听音乐会。不过不知道最近美术馆有什么好展览，还有音乐会的票怎么办。小吴想去看看再说。但是我觉得为保险起见，最好先打个电话问问，省得白跑一趟。

参考答案3：（第一人称，以小吴的身份）（略）

说明　这一步骤练习的目的是：①训练学生的成段表达能力；②通过对生词及重点词句的反复操练，进一步巩固当课所学的语言知识，并为下一步的会话练习做好铺垫。

（9）会话练习

1）分角色完成会话

A：时间过得真快啊，又到……了，想不想去哪儿玩玩？

B：想啊，你有什么好主意？

A：这两天天儿不错，咱们约几个人一起……好不好？

B：……好是好，可是……，依我看不如……。

　　Ａ：不好，不好，我最讨厌……了。

　　Ｂ：那……怎么样？

　　Ａ：这个主意不错，就这么定了。可是，……？

　　Ｂ：我们去看看再说吧。

　　Ａ：别，为保险起见，我们最好……，省得……。

　　（带着重号的为表达"商量"这一功能时使用的典型句）

　2）两人一组到前边表演会话

　　话题：商量周末或假期做什么

　　要求：① 尽量使用表达"商量"功能的典型句（上文中带着重号的句子）；② 自行设计对话场景，适当扩展对话内容。

　　说明　完成会话属于准交际练习，会话表演接近真实交际，练习的目的在于培养学生围绕某一话题进行会话的能力，直接为提高交际能力服务。

　3）教师点评

　　教师对学生会话情况进行评价，对学生的进步要多鼓励，同时指出语言表达中出现的问题，对学生出现的错误要有一定的宽容度，但是对一些普遍性的错误要进行说明和纠正。要注意的是，点评要在会话结束后进行，不要在会话过程中打断学生的话。

　（10）自由表达练习

　　　老师建议周末或考完试全班同学一起玩，问大家有什么好主意。每个同学可自由发表意见，还可以问问老师有什么主意。

　　说明　这一步骤是上一步练习的延伸，交际的内容是真实的。教师不对学生使用的词语或句式提出要求，但是因为谈话的内容与这一课话题密切相关，可以给学生提供即学即用的机会。在口语技能训练中，应该将交际引入课堂，使语言课堂不仅仅成为语言模式机械操练的场所，更应该成为语言实际运用的场所。

第四节　汉语口语技能训练的教学方法和技巧

　　我们知道，任何技能都不是教出来的，而是练出来的。第二语言总的教学原则是精讲多练。具体到口语技能训练,教师应该尽量提高学生的开口率,使学生成为课堂活动的主体。

下面我们介绍一些口语技能训练的方法和技巧。

一　语音练习的方法和技巧

示范与模仿是语音练习的最基本的方法。通过示范模仿,训练学生的发音和运用声音技巧的能力。一般采用四段跟读法:

示范 → 模仿 → 再示范 → 再模仿

学生模仿时可以先集体后个人。如果学生出现错误,教师要及时进行纠正,并再次示范,让学生边模仿边改正。示范之前也可以先让学生试读试说,然后重点练习学生容易出错的部分。

(一) 拼音练习

教师说出声母、韵母、指定声调,学生说出音节,然后教师板书该音节并示范朗读,学生模仿。

练习示例:

老师:b ,a ,一声

学生:bā

教师示范:bā

学生模仿:bā

(二) 音节连读练习

教师分别说出两个或三个音节,学生将其连起来说 ,然后教师示范,学生模仿。

练习示例 1:

老师:shēn,tǐ

学生:shēn,tǐ

教师示范:shēntǐ

学生模仿:shēntǐ

练习示例 2:

老师:zhǔn,bèi

学生：zhǔn，bèi

教师示范：zhǔnbèi

学生模仿：zhǔnbèi

练习示例 3：三声变调

老师：fǎn，gǎn

学生：fǎn，gǎn

教师示范：fángǎn

学生模仿：fángǎn

练习示例 4：“一”的变调

老师：yī，tiān

学生：yī，tiān

教师示范：yì tiān

学生模仿：yì tiān

老师：yī，cì

学生：yī，cì

教师示范：yí cì

学生模仿：yí cì

练习示例 5：“不”的变调

老师：bù，dùi

学生：bù，dùi

教师示范：bú dùi

学生模仿：bú dùi

（三）朗读练习

朗读练习可以训练学生运用声音技巧的能力。具体的方法是：

1. 示范模仿

先由教师领读，给学生示范正确的发音、重音、停顿、语调等。领读时以句子为单位，对过长的句子，先领读整句，然后通过片段组合扩展的方法将句子一步步组装起来。扩展的方法主要有以下两种：

1）顺序扩展法：按照从前到后或从后到前顺序扩展。

例 1：从前到后扩展

　　昨天上午我跟朋友一起坐地铁到王府井书店买了两本汉语词典。

　　昨天上午

　　昨天上午我跟朋友一起

　　昨天上午我跟朋友一起坐地铁到王府井书店

　　昨天上午我跟朋友一起坐地铁到王府井书店买了两本汉语词典

例 2：从后到前扩展

　　人参恐怕是目前我们知道的中国人使用的最早的补药。

　　最早的补药

　　中国人使用的最早的补药

　　目前我们知道的中国人使用的最早的补药

　　人参恐怕是目前我们知道的中国人使用的最早的补药

2）中心扩展法：先把句子的主要部分抽出来，然后分别增加次要部分。

例：

　　我从他注视我的目光和对我说的话语中知道了他对我的感情。

　　我知道了他的感情。

　　我知道了他对我的感情。

　　我从他的目光和话语中知道了他对我的感情。

　　我从他注视我的目光和对我说的话语中知道了他对我的感情。

　　需要注意的是，在切分句子时，要注意每个片段语意和结构的相对完整性。不能任意乱切。比如，如果将例 2 切分成"人参恐怕""是目前我们""知道的中国人""使用的最""早的补药"，这样的切分不但不利于训练学生运用声音技巧的能力，而且会影响学生对整句话结构和语意的理解与把握。

　　2. 学生朗读，教师指导

　　学生朗读时可以根据朗读材料的内容及文体，采用个人朗读、集体朗读、分角色朗读、大家听某人或某组朗读等多种形式。

（四）跟说练习

　　在熟读文字材料的基础上，让学生不看书跟着老师说。教师领说时要尽量用自然的语速、语气、语调等，同时配合相应的动作和表情。学生模仿时要做到跟着老师"说话",而不是"背课文"。

(五) 配音练习

看一小段录像,先进行模仿练习,熟悉内容后,关掉声音,让学生看着字幕(高级阶段还可以去掉字幕)进行配音练习。要求尽量与录像中人物的口型、重音、停顿、语速、语调及表情等一致。

在语音训练中应注意以下几个问题:

① 教师要善用启发式。比如,学生将"zhǔnbèi"读成了"zhǔnbéi",教师可以先不直接示范正确的发音,而是提示学生应该是"三声＋四声"(可以说也可以用手势示意),让学生先试着自行改正。如果还是发不对,教师再进行示范。要注意培养学生在学习中主动思考,自我修正的能力。

② 纠正学生的错音错调时要有耐心,不能急躁,以免挫伤学生的学习积极性。另外对出错的学生不要揪住不放,教师纠正两遍后如果学生还是发不好,可以先让别的学生练习,这样既可以使全体同学都有充分的练习机会,又不至于使出错的学生因为紧张越发读不对。

③ 语音训练应该贯穿初中高级教学过程始终。因为即使到了中高级阶段,学生说话时洋腔洋调现象还是普遍存在的。如果不注意纠正,会使学生的错音错调固定下来,让人听起来不顺耳,严重的还会影响交际。

二　词语练习的方法和技巧

(一) 直接展示法

1. 指物说词或听词指物

教师将实物、图片等带入教室,教师指物,学生说词,或者让一名学生根据实物或图片说词,另一名学生指出该物。

2. 根据动作说词或听词做动作

根据动作说词可以采用教师做动作,学生说词的方法,教师也可以让一位学生看着教师写在纸上的词做动作,其他学生根据动作说词。听词做动作是教师说词,学生做动作或请一位同学说词,别的学生做动作。

(二) 语素组词法

有些语素组词能力很强,教师可选择适合的语素,启发学生用该语素组词。但要注意的是,应选择与学生的词语水平相符的组词语素,以便使练习能顺利进行。

例:病

学习"病"时,教师可以先提示"生病"的人叫"病人",然后问:

在医院里病人住的房间叫_____?(病房)

病人用的床叫_____?(病床)

病的情况叫_____?(病情)

生病的原因叫_____?(病因)

在一个学校学习的人,叫"校友",在医院时住在一个病房的人,叫_____?(病友)

这种练习可以发挥学生的想象力和创造力,如果学生根据老师的提示说出了以前不知道的词会很有成就感,而且有助于了解汉语构词法。

(三)类聚法

学到某一个词时可以让学生说出同类词。如学到"香蕉",可以问学生,你们还知道什么水果? 让学生说出自己知道的水果。学到"灰色",可以让学生说出自己喜欢的颜色。

(四)扩展法

扩展法是把词扩展成词组或把词组扩展成句子。它可以帮助学生在练习中掌握词的语义特征和语法功能,对学生遣词造句起到示范作用。

例1:电话

(前边加动词)

打电话

给朋友打电话

我给朋友打电话

来电话/去电话/回电话

朋友给我来电话/我给朋友去电话/我给朋友回电话

接电话

他正在接电话

小王,快来接电话

（前边加名词、代词）

小王的电话

小王，你的电话，快来接

（后边加名词）

电话号码/电话本

例 2：打扫

（前边加动词）

喜欢打扫

你喜欢打扫房间吗？

（前边加副词）

常常打扫/一起打扫

（前边加名词、代词）

我打扫/妈妈打扫

我打扫自己的房间

（后边加名词）

打扫房间/打扫教室

（后边加程度补语）

打扫得很干净

教室打扫得很干净

（后边加结果补语）

打扫完了/打扫干净了

房间打扫干净了

说明　需要注意的是，词语扩展时要注意展示最常用的、最典型的搭配组合。另外，主要围绕词语在当课中的义项展开，对多义词的其他义项不必牵涉。如，前面介绍教学环节部分的那篇课文中有这样一句话"最好先打个电话问问，省得白跑一趟"，其中的"白"是生词，表示做事没有效果，是个副词。我们在扩展时应该只就这个义项进行，如"白等/白买/白做"等，不必同时练习"白"作形容词，表示"白色"的意思时的用法。当然学习"白色"的意思时，也不必引申出"白跑一趟"的意思和用法。

（五）问答法

问答法是用指定词语进行问答练习。可以是教师问，学生答，也可以让学生之间互相问答。一个学生回答后，教师还可让某人或大家重复一遍答案，以使学生集中注意力和给大家更多练习的机会。

　　例：经过

　　　　教师：(问学生1)从我们学校到北京大学经过什么地方？

　　　　学生1：从我们学校到北京大学经过五道口(地名)。

　　　　教师：很好。(对大家)请大家一起说一遍。

　　　　教师：(对学生2)请你问一下玛丽同学，从她家到学校经过哪里？

　　　　学生2：(问玛丽同学)从你家到学校经过哪里？

　　　　玛丽：从我家到学校经过……(地名)。

　　　　教师：(问大家)从玛丽同学家到学校经过哪里？

　　　　大家：从她家到学校经过……(地名)。

做问答练习时要求学生回答时必须用上指定的词。如，老师问"从我们学校到北京大学经过什么地方"，学生不能只回答"五道口"。虽然在实际交际中我们的确可以这样回答，但词语练习要求学生不但能懂，还要会用。课堂教学的最终目的是提高学生的交际能力，但课堂教学不等于实际交际，为培养学生用词造句的能力，在词语练习中应该要求学生尽量说完整的句子。

（六）改句法

改句法是用指定词语改说句子。

　　例：拿手

　　　　小李做菜做得很好。用"拿手"可以说"小李做菜很拿手"。

　　　　练习："麦克同学唱歌唱得很棒"，用"拿手"怎么说？

（七）情景法

情景法是学生根据教师设置的情景，用指定词语说一句话。

　　例：千万

　　　　孩子去学校时，妈妈想告诉孩子在路上一定要小心，用"千万"的话，可以这样说："路上千万要小心。"

　　　　练习1：最近天气变化很大，你很担心爸爸妈妈的健康。请用"千万"对他们说一句话。

练习2:你弟弟下个月要参加大学考试,用"千万"对他说一句话。

(八) 完句法

完句法是用指定词语完成句子。

例:免得

明天早上6点我要去飞机场,所以我今天要早点儿睡,免得明天起不来。

练习:你最好把电话号码写在本子上,＿＿＿＿＿＿。(免得)

(九) 释义法

释义法是让学生用汉语说明词语的意思。比如,学习"聚餐"这个词时教师可以问,"聚餐"是什么意思? 如果学生已经预习了这个词,借助译词知道了这个词的基本义,就可以回答"大家一起吃饭"。有的学生没有预习生词,但是知道"聚"是"大家在一起"的意思,也知道"餐"是"饭"的意思,可以推断出这个词大概的意思。学习成语和俗语时也常采用这种方法。如"人山人海"的意思是"人非常多","一分钱,一分货"的意思是"好的东西比较贵"或"贵的东西比较好"。

也可以不直接解释词的意思,而是用举例的方法说明,如"一举两得",学生这样举例:"我去中国旅行时,既可以看风景又可以练习汉语,这就是'一举两得'。"

这种练习适合已经有一定语言水平的中高级阶段的学生。解释不必很精确,能说出大概意思就行。另外,要求学生解释的词要有所选择,应该是比较容易说明和以学生的语言水平能说得出来的。

(十) 辨别法

辨别法是让学生在一组词中找出一个与同组的其他词非同类的词,可能是词所指的事物类别不同,也可能是词义不同,还可能是构词方式不同。请学生找出来并说明理由。这个方法较适合中高级阶段的词语复习使用。

例1:书 本子 筷子 词典 笔 书包

"筷子"跟其他的词不是一类。书、本子、词典、笔 、书包都是文具,筷子是餐具。

例2：悦目 入耳 动听 悦耳 好听

　　"悦目"跟其他的词不一样。别的词都是"好听"的意思，悦目是"好看"的意思。

例3：一见钟情 一帆风顺 一呼百应 一见倾心 一见如故

　　"一帆风顺"跟其他的成语不一样。其他成语的第二个字都是动词，"一帆风顺"的"帆"是名词。

（十一）造句法

　　造句法是用指定词语造句。在课堂教学中我们不太提倡使用直接造句的方法，除非是很容易造出来的句子。我们在备课时往往有这样的感觉，想出一个合适的例句有时非常费脑子，可能要想半天。老师尚且如此，更何况学生。所以让学生用所学词语说话时，教师最好如上面所介绍的方法一样，进行一定的提示、引导或限定，以使学生能够很快地说出来，否则可能造成一个学生呆呆地想，别的学生只能干等的"冷场"局面，那样既会令那位学生感到紧张，又会耽误课堂教学的宝贵时间。

（十二）词语游戏

　　1. 猜词游戏

　　这是类似猜谜语的一个游戏。一种方式是教师解释词语的意思，让学生猜出老师说的是哪个词。另一种方式是学生两人一组，教师为每组准备一张写着5个词语的纸，让一个学生看着说出每个词的意思，另一个学生边听边猜说的是哪个词。最好看看哪组猜对的多。

例：猜"垃圾"

　　学生A：不用的东西，扔掉的。两个字。

　　学生B：垃圾。

　　2. 词头接词尾的游戏

　　教师或教师指定一个学生先说一个词，如"学生"，让另一个学生说出以"生"开头的词，如"生气"，下一位说"气候"。为减低难度，也可以用同音或谐音字，如接"气候"，可以说"后边"或者"猴子"，以此类推。如果某个学生说不出来，让其他学生说，如果大家都说不出来，再重新开始或结束。

三 句子练习的方法和技巧

句子练习的重点是帮助学生在练习中掌握汉语造句的语法规则,并且能够运用这些语法规则把词语排列组合成正确规范的句子。可参考以下方法展示句型或进行操练:

(一) 利用实物、图片、图示和实景等

教师在教学中可以充分利用实物、图片和实景展示句型并进行操练,使练习过程更直观、更真实。

例 1:"比"字句

(句型展示)

教师:(指着讲台和学生的书桌问)老师的桌子大还是你们的桌子大?

学生:老师的桌子大。

教师:老师的桌子比谁的桌子大?

学生:老师的桌子比我们的桌子大。

老师:(板书)老师的桌子 比 我们的桌子 大。

练习 1:(让学生看天气预报图)问:北京冷/热还是哈尔滨冷/热?

练习 2:(在黑板上画一个胖子一个瘦子)问:他们俩谁胖?

练习 3:(让两位同学站起来)问:他们俩谁高?

例 2:用"着"的存现句

(句型展示)

教师:(指着教室的墙问)墙上挂着什么?

学生:墙上挂着地图。

教师:墙上挂着几张地图?

学生:墙上挂着两张地图。

教师:(板书)墙上 挂 着 两张 地图。

练习 1:让学生看着自己的桌子说说桌子上放着什么东西。

练习 2:让学生看着一个房间的图片介绍房间的陈设。

例 3:用"正在/在……(呢)""……呢"表示动作的进行。

（句型展示）

教师：（做打太极拳的动作）问：现在老师正在做什么呢？

学生：老师正在打太极拳呢。

教师：（板书）老师　正在　打太极拳　呢。

练习1：现在你们正在做什么呢？

练习2：在一张纸上写上一些表示动作的词语，让一个学生到前边看后做动作。

老师问：他正在/在做什么呢？学生回答。

（二）就画线部分提问

教师先根据当课要练习的内容在黑板上写出一个句子，如今天要练习用疑问代词"谁""什么""哪儿"提问，可采用以下步骤。

第一步：板书下面的句子。

我去超市买水果。

第二步：分别在不同的句子成分下画线，引导学生就画线部分进行提问。

我去 超市 买水果。
1　　2　　3

A1：谁去超市买水果？

A2：你去哪儿买水果？

A3：你去超市买什么？

再给学生看几个句子（可提前写在纸上），让学生就画线部分提问。

（三）通过问答的方式展示句型或进行操练

关于句子问答练习的方法和要求，请参见词语练习部分的"问答法"。

例1："是……的"句

（句型展示）

教师：（问学生1）我听说你去过日本，你是什么时候去的？

学生1：我是去年去的。

教师：（问大家）他是什么时候去日本的？

大家：他是去年去日本的。

教师:(板书)他　是　去年　去日本的。

(练习)

教师:(问学生 2)你知道佐藤同学是什么时候高中毕业的吗?

学生 2:我不知道他是什么时候高中毕业的。

教师:请你问问他。

学生 2:(问学生 1)你是什么时候高中毕业的?

学生 1:我是 2005 年 3 月高中毕业的。

教师:佐藤同学是什么时候高中毕业的?

大家:他是 2005 年 3 月高中毕业的。

例 2:用"……,好吗?"提问

(句型展示)

教师:(对大家)这个周末,我们大家一起去植物园,好吗?

学生:好啊。

教师:如果你有事不能去,应该怎么说呢?

学生:我说"不好"。

教师:我们一般不说"不好",这样不太客气。我们一般说"对不起,我有事,不能去"。

教师:(板书)好吗?

A:这个周末,我们大家一起去植物园,好吗?

B:好啊。

(或)对不起,我有事,不能去。

(练习)

用"……,好吗?"轮流问答。

(四) 变换练习

我们可以进行多种形式的变换练习,如肯定句变否定句、陈述句变疑问句、"把"字句变"被"字句等,还可以将两个单句变成一个单句或复句等。

例 1:"把"字句变"被"字句

(句型展示)

教师:风刮走了我的帽子。我们已经学过,这种情况用"把"怎么说?

　　学生:风把我的帽子刮走了。

　　教师:很好。那么谁知道用"被"怎么说呢?

　　(引导学生说出并板书)我的帽子　被　风　刮走了。

　　(练习)

　　老师说"把"字句,学生将其变成"被"字句。

　　例2:把两个单句组成结果补语句

　　(句型展示)

　　教师:我学开车。现在我会开车了。如果我们用一个句子来说这个意思可以怎么说呢?

　　(引导学生说出并板书下面的句子。)

　　我　学　　会　开车了。

　　　(动词)(结果)

　　(练习)

　　教师:说两个单句,让学生组成结果补语句,如:

　　我洗衣服。衣服干净了。→ 我洗干净衣服了/衣服洗干净了。

　　她生气。她哭了。→ 她气哭了。

　　(提醒学生注意"生气""着急"带结果补语时一般只说"气""急"。)

　　例3:把两个单句组成由"不但……,而且……"连接的复句

　　(句型展示)

　　教师:我们的教室很大。我们的教室很干净。用"不但……,而且……"怎么说呢?

　　(引导学生说出并板书)我们班的教室　不但　很大,而且　很干净。

　　(练习)

　　用"不但……,而且……"将单句变成复句。

(五) 替换练习

　　替换练习是句式练习的一种方法,可以是单项替换,也可以是多项替换。

　　例1:

　　　A:你家有几口人?

　　B：我家有<u>五口人</u>，<u>爸爸</u>、<u>妈妈</u>、<u>一个哥哥</u>、<u>一个姐姐和我</u>。

　　例2：<u>这件衣服</u>有点儿<u>大</u>，要是<u>小</u>点儿就好了。

　　例3：<u>去海南岛旅游</u>，可以先坐<u>飞机</u>到<u>海口</u>，然后坐<u>汽车</u>去<u>三亚</u>。

（六）改说句子

　　练习方法参见第48页的词语练习"改句法"。

（七）完成句子

　　完成句子的方法比较适合练习复句。练习方法参见第49页的词语练习"完句法"。

（八）游戏

　　1. 传话游戏

　　老师以较快的语速对一位学生说一句话，句子要稍微长一点儿，内容要有趣，最好还有点儿复杂，然后让这位学生转告下一位同学，以此类推。可以只转达大概的意思。最后一位学生要说出他听到的是什么话，跟第一位同学听到的对比一下，看一样不一样。

　　2. 答非所问游戏

　　每位学生问别的同学一个问题，回答的人要"答非所问"，比如问的是"你去哪儿？"，可以回答"我今年20岁"。然后，这位同学再问下一位同学别的问题，问题不能重复，目的在于帮助学生复习汉语的各种提问方式。

四　会话练习的方法和技巧

　　会话练习的着眼点是提高学生综合运用语言的能力，包括正确选词造句、组句成段的能力，恰当选取表达方式的能力以及善于运用声音技巧的能力等口头表达的微技能，同时还应该包括如何开始谈话、结束谈话及转移话题等会话技巧。

（一）问答练习

　　问答练习可与语法结构练习以及功能表达练习结合起来，可以是教师问，学生答，也可以是学生之间轮流问答。

　　例1：用疑问代词"怎么样"轮流问答

　　　A问B：这件衣服怎么样？

　　　　B 答:这件衣服很漂亮。

　　　　B 问 C:你们班的同学怎么样?

　　　　C 答:我们班的同学非常努力。

　　　　C 问 D:……怎么样?

　　例 2:选用下面的句子问某个人的年龄

　　　　A 问 B:……今年几岁(了)?

　　　　B 问 C:……今年多大(了)?

　　　　C 问 D:……今年多大年纪(了)?

　　　　D 问 E:……今年多大岁数(了)?

　　　　E 问 F:……今年高寿(了)?

　　　　参考答案:

　　　　A 问 B:你哥哥的孩子今年几岁?

　　　　B:……

　　　　B 问 C:你今年多大了?

　　　　C:……

　　　　C 问 D:你爸爸妈妈今年多大年纪?

　　　　D:……

　　　　D 问 E:你爷爷多大岁数了?

　　　　E:……

　　　　E 问 F:你奶奶今年高寿了?

　　　　F:……

(二) 模仿课文进行会话练习

　　模仿课文进行会话练习要求学生在熟悉课文内容的基础上,运用课文中的重点词语和句式进行会话练习,这是说话课教学中比较常用的会话练习方法,具体的方法和步骤请参见第 34 页会话体课文"这个主意不错"的教学过程。

　　模仿课文进行会话练习时可以是模仿整篇课文,也可以是其中比较易于替换与模仿的一个片段,还可以进行扩展,增加会话的场景和内容,使整个会话过程更完整和更自然。

例:扩展会话内容

　　A:喂,是清华大学留学生楼吗?

　　B:对,您找谁呀?

　　A:请找一下 309 房间的法国学生尼可。

　　B:好,请你等一会儿,我去找他。

　　B:喂,对不起,尼可不在。您有什么事吗? 如果您愿意的话,我可以转告他。

　　A:谢谢,请您转告他,回来以后给我回个电话。我叫安娜。

　　B:您放心好了,我一定转告。

　　C:喂,是语言大学学十楼吗?

　　D:是,您找谁呀?

　　C:请让 223 房间的安娜同学接电话。

　　D:好,请您等一下。

　　A:喂,是尼可吗? 今天下午你去哪儿了? 我给你打电话你不在。

　　C:我看中国画展去了。……

这篇课文中一共有四个场景:安娜给清华大学留学生楼打电话、安娜请接电话的人转告尼可回电话、尼可给语言大学学十楼打电话、安娜与尼可通话。在模仿这篇课文进行对话时,可以要求学生在第一和第二个场景之间增加接电话的人去房间叫尼可的场景,在第三和第四个场景之间增加接电话的人转告尼可的场景。

再看下面这篇课文:

　　妻子:快九点了,你该走了。

　　小李:飞机 12 点起飞,还有两个多小时呢。

　　妻子:还是早点儿走好,别误了飞机。

　　小李:这倒是。我一会儿就走。

这篇课文只有四句话,涉及的功能项目是"催促"。模仿这篇课文进行会话时,可以要求学生将表"催促"的部分作为中心内容,然后进行扩展,比如可以先询问时间,当被催促方决定去做事时,催促方可以做一些叮嘱以及告别等等。

(三) 将叙述体课文改编成对话体

例:我家的"小保姆"

我家请了一位"小保姆",四川人,叫李红波。她来我家已经有4年的时间了,很能干,曾经连续7年被服务公司评为北京市的优秀服务员。我的老母亲今年84岁了。小李的任务主要是照顾老人。老太太得了老年性痴呆症,老是有幻听的感觉,总觉得别人都在骂她。小李和老太太同住一屋,所以经常受到怀疑。

有一天,她俩一起看电视。小李坐在沙发上,老太太坐在旁边。忽然,老太太拄着拐棍站了起来,对小李说:"小李,你躺在沙发上,躺平喽。"小李挺高兴,"奶奶病好了,跟我开玩笑,我就躺平了吧。"谁知道老太太等人家躺好了,"啪"一个嘴巴。

事后,小李没跟我说这件事。我妈妈高兴地告诉我:"昨天她骂我,我可把她打了。"我说:"妈,您惹了祸了,哪儿能打人呐!"我去问小李,她哭了。我说:"小李,我真对不起你。让你受委屈了,我怎么赔偿你呢?"我闺女给她钱,她不要。

后来,我帮她在一家医院找到了一个比较好的工作。可小李说:"那奶奶谁照顾啊?再请一个保姆,不了解奶奶的性格,弄不到一块儿。打我一下怕什么,只当是我在我们家做错了事,我的奶奶打我一样。"

这篇课文讲述的是一位小保姆的故事,其中有人物、情节,还有不同人物说的话。这样的课文比较适合变成对话体。让学生在熟悉课文内容的基础上,分组将其改编成小话剧,可以自行增加场景和内容,然后各组表演。学生既是演员又是编剧,自导自演。这是很受学生欢迎的一种练习形式。

(四) 话剧表演

高级班的口语课文中有一些小短剧或话剧的一个片段,学生学完以后,可以分角色进行表演。进行这类表演时一般要求照搬原剧场景和内容,使用剧本中的台词。

（五）看图会话

教师利用教材上或自己准备的漫画,让学生看图会话或到前边表演。漫画内容如果与本课所学内容有关,应要求学生尽量用上本课所学词语和句式,如与课文内容无关,学生可以自由发挥。

（六）讨论与辩论

讨论与辩论是中高级班常用的口语技能训练方法。话题一般是课文中涉及的或近期社会上的热门话题。

讨论可以是全班性的,也可以是分组讨论。分组讨论时,由教师指定或各组自选一个主持人主持讨论,讨论后将本组同学的意见总结起来到前边给大家介绍。

辩论时根据班上同学对某个问题的看法分为正方、反方两组,各组先进行讨论,提出支持本方观点的理由,然后各组推选两位代表,到前边先陈述本方观点,然后双方成员进行辩论。

五　成段表达练习的方法和技巧

成段表达练习的着眼点是培养学生组句成段和组段成篇的能力。把句子组织成语段涉及句与句的连接问题,把语段组织成篇章涉及段与段的连接问题。成段表达训练的重点是指导学生掌握构成语段和语篇的语法手段和词汇手段,正确地安排语段、语篇的结构,使语段、语篇中的各个句子按照合理的逻辑关系进行组合。如正确地安排语序,正确地运用虚词,通过词汇的重现使语篇中的句子相互衔接,注意运用逻辑关系词语来表明句与句、段与段之间的因果关系、并列关系、承接关系、转折关系等。逐步掌握通过替代、省略等手段实现语段、语篇的连贯。

（一）组句成段,组段成篇

如果教学材料是一篇叙述体的文章,教师可以在学生看课文以前,将其中的一段分割成一个个意义和形式完整的单句,比如将原文中被省略的主语再添加上,将一些连接词抽出去,并将顺序打乱,然后让学生组合成语段,之后让学生将自己组织的语段与原文比较,看看有哪些不同。通过比较可以发现有没有可省略的成分没省,可替代的成分没替代,需要用连接词的地方没有使用或使用不当等问题。

做语篇练习时,可将一篇课文中的几个段落的顺序打乱,让学生根据各段的内容或一些标志性的词语,如"首先、然后、然而、总之"等将语段连接成层次清楚、逻辑关系明确的语篇。

例1:语段练习

海南岛位于中国大陆最南端,那里风景优美,有"东方夏威夷"之称,是旅游观光的好地方。

教师先给学生看以下单句,然后让学生组成一段话:

A:海南岛是旅游观光的好地方。

B:海南岛风景优美。

C:海南岛位于中国大陆最南端。

D:海南岛有"东方夏威夷"之称。

例2:语篇练习

说起广告,我是又爱又恨。先说这恨:我是球迷,有一回我要收看中意足球对抗赛。电视台预告晚上7:30开始,我早早地干完别的事,准时等在电视机前。结果呢,左一个广告右一个广告。你等吧,心里着急;不等吧,又怕转播开始。……

不过话又说回来,广告也有它可爱的一面,我从广告中得到很多商品信息,买东西时就有了目标,也有了比较,这就节约了许多时间和精力;……

总之,广告既给我带来了方便,也给我增添了烦恼,它有时让我很无奈,但也使我的生活变得丰富多彩。

练习方法:教师将这三段话的顺序打乱后给学生看,让学生按恰当的顺序组合起来。

(二) 复述

复述是成段表达练习常用的方法,可以复述叙述体课文,也可以将对话体课文变成叙述体。复述的方式主要有:一般复述、变换角度复述和扩充性复述。

1. 一般复述

一般复述又可分为详细复述和简要复述,前者要求尽量完整地复述原文的内容,后者只要说出主要内容即可。

2. 变换角度复述

复述者可以按照要求改变原文的人称、时间和结构等。如把第一人称变成第三人称或反之,把过去的事变成将来的事或反之,把正叙改为倒叙或反之。

3. 扩充性复述

扩充性复述是发挥自己的想象力,在复述过程中增加原文中没有的内容。如果课文的内容是一个故事,学生可以把故事接着讲下去。

做复述练习时要注意,复述不同于背诵。在不改变课文主要内容的基础上,除了要求必须使用的词语及句式以外,允许学生变换部分词语或句子。在复述对话体课文的内容时,应明确要求学生将其变成叙述体,要注意添加连接词语以及运用替代、省略、变换人称等手段使句与句自然衔接,形成内容完整、条理清楚、层次分明的语段,避免频繁使用"他说……""我说……"来照搬原句对话。

(三) 模仿练习

语段模仿练习可以是直接替换某语段中的部分内容,也可以是模仿原语段或语篇的格式就某个话题进行成段表述。

例1:

去海南岛旅游,一般先坐飞机到海口,然后乘车去三亚。在三亚,您可以看到蓝蓝的大海、美丽的沙滩、高高的椰子树,还可以吃到好吃的海鲜和各种热带水果,不仅能大饱眼福,还能大饱口福。

替换练习:

去……旅游,一般先坐……到……,然后乘……去……。在……,您可以看到……,还可以吃到……,不仅能大饱眼福,还能大饱口福。

例2:描述发生突发情况时的感受

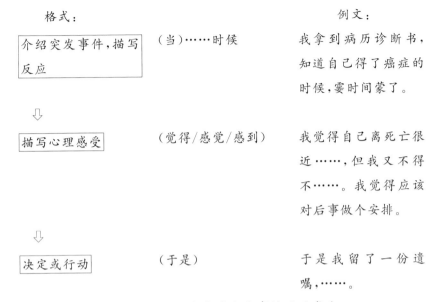

格式：

例文：

介绍突发事件,描写反应 （当）……时候 我拿到病历诊断书,知道自己得了癌症的时候,霎时间蒙了。

↓

描写心理感受 （觉得/感觉/感到） 我觉得自己离死亡很近……,但我又不得不……。我觉得应该对后事做个安排。

↓

决定或行动 （于是） 于是我留了一份遗嘱,……。

练习:用上面的格式描述发生某突发事件时的感受

(四) 口头报告

口头报告要求学生围绕某一话题进行介绍或发表自己的意见。所谈论的话题可以是课前布置下去让学生提前准备的,也可以是根据当课所学话题进行的即兴发言。比如,初级班学生学完课文"我的一天",可以模仿课文内容介绍自己的一天,高级班学生学完课文"超前消费面面观",可以发表自己对超前消费的看法。另外,每次课前,教师可指定一个学生准备下一次上课时跟大家说一段话,说的内容可以是自己的事,也可以是近期的新闻等,内容不限,但要求口述,事先可以写好,但报告时不能拿着写好的文章念,时间在 2 到 3 分钟左右。

(五) 演讲

演讲练习比较适合中高级阶段的口语技能训练。可以分以下几步进行:

① 准备讲稿。学生可在课前准备讲稿。演讲稿应该观点明确,论证充分,有说服力,而且条理清楚,语言表达生动准确。

② 持稿演讲。学生在熟练朗读讲稿的基础上,练习把握语气的轻重缓急,语调的抑扬顿挫、节奏的张弛疾徐以及眼神、表情、手势、姿态、动作等副

语言手段。

③ 脱稿演讲。学生不看讲稿在班里或小组中进行演讲。

（六）故事接力

这是一种游戏式练习，大家一起讲一个故事，教师也参与进去。比如，一个人先说"小李昨天开车去玩，路上车坏了"，下一个同学接着说"他想给修理厂打电话，可是手机也没电了"，然后下面的同学一个接一个说，最后一位同学把故事完整地讲一遍。要求故事情节要生动和富于变化，比如关键时刻用"可是、然而、突然"等词使故事情节发生变化，一波三折。

参考文献

戴悉心　2001　留学生汉语口头言语交际能力的层次及其标准，《语言文字应用》第 2 期

范开泰　1992　论汉语交际能力的培养，《世界汉语教学》第 1 期

刘英林主编　1996　《汉语水平等级标准与语法等级大纲》，高等教育出版社

田　然　1997　外国学生在中高级阶段口语语段表达分析，《汉语学习》第 6 期

杨惠元　1996　《汉语听力说话教学法》，北京语言文化大学出版社

赵金铭主编　2004　《对外汉语教学概论》，商务印书馆

周　健、彭小川、张　军　2004　《汉语教学法研修教程》，人民教育出版社

本章有关实例选自下列教材

马箭飞主编　1999　《汉语口语速成·提高篇》，北京语言文化大学出版社
　　　　　　　　　　《汉语口语速成·中级篇》，北京语言文化大学出版社

苏英霞、李　戎　2004　《交流》，南开大学出版社

吴叔平主编　1990　《说汉语》，北京语言学院出版社

赵金铭主编　2002　《路》，北京语言大学出版社

第三章　汉语听力技能
教学法与教学技巧

第一节　汉语听力技能训练的目的

语言是人与人交流的工具,听话与说话是人们口头交流时互为反向的两种语言通达形式。说话人表达信息,听话人接收信息并做出反馈,谈话才得以进行。所以,听懂话语和表达话语都是实现交际的重要方面。对外语学习者来说,及时、准确地理解说话人的意图和心理是进行恰当表达的先决条件。

一　听力技能训练的重要性

借助声音形式来理解话语的能力叫做听力技能,它包括识别汉语的语音、理解词义、句义、篇章等。课堂教学中的听力技能训练就是专为提高学生听力水平所作的教学活动,它通过各种有意识的教学手段来帮助学生听懂所给材料,培养和提高学生听的能力,从而达到沟通交流的教学目的。

二　听力技能训练的原则

与儿童自然习得语言的方式不同,成人学习外语更多地要依赖课堂教学的集中传授。如何再造真实、自然的语言环境,是进行有效的技能训练的先决条件。由于听力技能训练是借助声音传播的形式来进行的,因此听力教学具有不同于其他技能训练的特点,课堂教学要贯彻以下原则:

① 强调大量输入和可懂输入。课堂教学要提供大量的听力材料,训练学生熟悉声音、理解意义的能力,提高解码的反应速度。尽可能再现模仿自

然语言的场景,所提供的材料要生动、有趣,适于学生的接收水平,保证输入的可懂性,以提高理解的程度。

②以听为主,以练为辅,听练结合。运用各种训练方法来提高学生的理解能力和理解速度。听力理解的过程是一种复杂的心理加工过程。从接收声音起,听话者的心里就一刻不停地对接收信息进行着预设、推理、匹配、补充等各种加工活动,好像"黑箱操作"。学生听懂没有、听懂多少都是我们无法从表面看到的。因此,在听的基础上,设计多种多样的练习,通过做练习的形式来考查学生听的结果和听懂的程度,来训练学生的听力技巧都是十分必要的。训练中的说、写、读等活动,都要紧紧围绕"听"来展开,要为"听"而服务。

第二节　汉语听力技能训练的层次

听力技能训练要体现出由易到难、由简到繁,由浅入深的教学层次,合理安排和设计教学内容,采用恰当的教学方式。

一　学习和理解语言要素

理解语言知识要由易到难。识别基本的语音、语义是第一步,辨别相似的音,理解长句、难句,以及理解习惯表达、背景知识、文化差异、语气、态度等较为复杂的内容是第二步。

首先是辨别语音。汉语的语音系统包括声、韵、调三个方面,其中任何一个方面的差异都可能形成不同的词汇,表达不同的意义。由于汉语中只有 400 多个音节,加上声调也只有 1200 多个,可它们表达的意义却远远超出这个数字。对外国学生来说,大量同音词、近音词的存在为听辨意义造成很大的麻烦。如学生把"常常"听成"尝尝",把"骑车"听成"汽车",把"回信"听成"贵姓",往往会造成对整个句子理解的误差。听力训练中,培养汉语语音的音感和提高听觉器官对汉语语音辨析的灵敏度是首先要解决的问题。

随着句子变长、句式复杂化,理解的难度也相应地增加。适当分析语言的结构和语义关系是提高理解词义、句义的好方法,其次还要用到跳跃障碍,提取句子的主干、寻找关键词等技巧。在理解句群和篇章时,概括总结能力、联想推理能力是必不可少的,它需要学生超越具体的语言信息来做进一步的提炼加工。而正确把握说话人的语气、态度等感情色彩、领悟言外之意是听力理解的更高要求,它要求学生具有一定的汉语语感、了解一定的文化内涵和社会心理。

二　输入的材料由单一到多样

所听的材料也有层级差别,初期以听专门编写录制的有声材料为主,然后逐渐过渡到自然有声材料,如新闻、电影电视、报告演讲等。一般来说,学习者用目的语跟熟悉的人交谈、在教室上课或者看电视,由于谈话方式熟悉或有视觉形象的补充,感觉不难;而听陌生人的对话、听有口音的人说话,或者只是听录音和广播,看不见说话人的手势和表情,感觉就比较困难。所以,选择听力材料时,要注意材料的录制方式和内容形式,尽量靠近学生的接受水平,或稍高出学生的水平。

三　听的方式与要求不同

听的方式可有精听、泛听、随意听等,使用的方式不同,要求和作用也不同。精听是对听力内容的精细处理,既要能概括性的理解,又要能捕捉到细节信息,还要进行语言要素(词语、句式)方面的操练。泛听的目的在于大量地输入,以训练学生对汉语的听觉和语感,以获取主要信息为主。随意听最重要的目的在于营造汉语的语言环境,让学生跟上说话人的语速,提高听力理解的反应速度。课堂教学主要采用精听加泛听的方式,随意听多为课外所用。

第三节　汉语听力技能训练的教学环节

课堂听力技能训练一般分成三个环节:听前练习、听时练习和听后练习。听前练习是听时的必要准备,听时练习是训练的核心,听后练习是对听时练习的延伸。

一　听前练习

听前练习的目的是对听时练习进行铺垫和准备,既有心理上的,也有语言上的。训练学生的听力能力最忌讳硬听,硬听的意思是:①不管语言材料的难度,拿来就听;②不做任何准备活动,没有语境铺垫、不作背景知识的介绍、不处理关键的生词和语法,上来就听。我们说,听是交流表达的必要前提,任何交流都要在一定的场合、一定的环境下进行,否则就会有突兀感,让人摸不着头脑。训练听的能力也一样,在正式的听时练习之前,先做一些准备活动,既符合语言学习的心理,又能降低听时练习的难度,逐渐培养学生听的习惯。听前练习主要分两类活动:探讨性活动和预备性活动。

(一) 探讨性活动及其训练方法

探讨性活动是对将要听的内容进行合理的预设和铺垫,进行必要的说明和解释,既可以是语言要素方面的,也可以是背景知识方面的。

(1) 列举式

教师可以用直接列举的方法引导出有关的词语和句式。例如,在"天气和季节"一课中,教师可以这样说:

在这一课,我们可能会听到:

① 表示天气和季节情况的常用词汇:

晴、阴、多云、下雨、下雪、刮风、风力、气温、摄氏度,春天、夏天、秋天、冬天,冷、热、凉快、暖和、潮湿、干燥、闷热等

② 表示天气和季节情况的常用句子:

晴转阴、多云间晴、阴有小雨、最低气温15摄氏度、风力二到三级、天气暖和、干燥少雨等

③ 可能出现与天气和季节有关的话题:

电台或电视台的天气预报、向某人介绍或描述天气情况、介绍某地有几个季节、每一个季节的气候特征、喜欢的季节、喜欢的原因、某个季节适宜从事的活动等

(2) 交流式

教师用交谈的方式,引导学生边听边说。最好学生一边说,老师一边进

行简单记录。因为有的词语学生说不出,有的词语学生听不懂,有的词语学生不会写。在学生说完后,老师还要适当补充。

　　例:

　　　　老师:今天我们要学习"在邮局"这一课,哪位同学来说说在邮局大家可以做什么?

　　　　学生:寄信。

　　　　学生:买邮票。

　　　　学生:取包裹。

　　　　老师:还可以做什么?

　　　　学生:在我的国家可以存钱、取钱,在中国可不可以?

　　　　老师:也可以。邮局也有一部分银行的作用。哪位同学再来说说寄信的时候你可能会跟营业员说什么?

　　　　学生:告诉营业员信寄到哪儿。

　　　　学生:问营业员贴多少钱的邮票。

　　　　学生:信放在哪儿。

　　　　学生:问营业员,我想快点儿寄到,用什么方法。

　　　　老师:大家说得很好。下面我们来看看在邮局我们会用到的一些词。

　　(3) 说明式

　　教师直接介绍说明有关的人物背景、事件背景等,它们不是本课听的内容,但对理解本课有直接的关系。例如,《"乒乓外交"打开了中美交往的大门》一文介绍了 1971 年在名古屋举行的第三十一届世界乒乓球锦标赛上发生的一件事:一位美国乒乓球运动员由于误上了中国队的车,从而打破了两国近三十年的隔绝,并引发了一系列的外交活动,最后促成了美国国务卿基辛格博士的访华。由于中美在朝鲜战争后一直处于冷战之中,这段历史对不少学生来说比较陌生,在听这一段文章时,教师有必要把乒乓外交之前的中美关系做一简单概述,以帮助学生理解文章的意义。

(二) 预备性活动

　　在预备性活动中,教师主要来帮助学生扫除理解过程中的词语和句式障碍。由于听力训练的特点不同,学习生词和句子仍要紧紧围绕"听"的角度、结合多种方式来进行。不同的方式体现了不同的教学目的。下面逐一说明。

1. 学习生词的目的和注意事项

学习生词时,重点在于理解、记忆,而不在于扩展使用。理解时尽可能采用给例句的方法,让学生明白基本的使用规则。突出声音训练的形式,以听代学,帮助学生尽快在声音和意义之间建立联系,加快反应速度。以下列举一些练习的方法。

2. 学习生词的方法

(1) 学生听句子挑出生词

通过句子提供的语境和上下文关系,让学生自我领悟,找出对该生词的合理解释,必要时教师可作适当讲解。比如有关"生病"和"看病"的一些词汇,老师可以说句子,然后让学生挑出生词并猜测词义。

例:

① 手破了应该挂外科。

② 这里是外科诊室,大夫在里面。

③ 我现在牙疼,难受极了。

④ 他吃了不干净的东西,得了肠炎。

⑤ 嗓子很红,发炎了。

⑥ 要想知道药的价钱,你得先划价。

⑦ 大夫开药以后,我去药房取药。

⑧ 明天不要去上课了,我给你开一张假条,交给老师。

(2) 用本课的生词回答问题

学生在理解了词义的基础上,听老师的问句,运用生词来回答问题。此方法有助于学生熟悉生词的发音。

例:

① 得了肠炎应该挂什么科?　　　　　　　　内科

② 手破了应该挂什么科?　　　　　　　　　外科

③ 头破了呢?　　　　　　　　　　　　　　外科

④ 吃了不干净的东西容易得什么病？　　　　肠炎

⑤ 嗓子很红还可以说嗓子怎么了？　　　　　发炎

⑥ 大夫给病人看病的房间叫什么？　　　　　诊室

⑦ 交费以前要先做什么？　　　　　　　　　划价

⑧ 大夫开药以后去哪儿取药？　　　　　　　药房

⑨ 离开诊室前别忘了开什么？　　　　　　　假条

（3）老师朗读一组词语，请学生挑出不同类的词

老师把一些词语按照一定的特征组合在一起，其中包含一个不同类的，然后让学生听。学生要能快速反应并准确挑出来，这样可以训练学生同中求异的分辨能力。

例：

① 红、黄、蓝、白、绿、黑、紫、颜色

② 大、小、长、短、快、慢、怕、好

③ 来、去、打、踢、学、教、堵车、玩儿

④ 两小时、三点、五点二十、差一刻九点

⑤ 二月十号、四月三号、八月、十月三十号

⑥ 昨天、明天、前天、后天、今天、两天

⑦ 汉堡包、薯条、奶昔、苹果派、可口可乐、麦当劳

⑧ 经济、文化、语言、学习、文学、历史、自然

（4）模仿跟读

模仿跟读的作用是定音、定调，学生通过跟教师读或者跟录音读，聆听正确、标准的发音，并进行口头发音尝试。可以跟读单个的词语，也可以把这个词语放到一定的语言环境中，跟读短语、句子，或者按照汉语的组装程序一步步扩展跟读。

例：

①

恋爱

谈恋爱

正在谈恋爱

小张和小王正在谈恋爱

②　　　　　　　感情

有感情

有很深的感情

小丽和小刚有很深的感情

③　　　　　　　难为情

很难为情

使别人很难为情

小李说的话使别人很难为情

④　　　　　　　举

举例子

举一个例子

举一个学汉语的例子

给我们举一个学汉语的例子

请你给我们举一个学汉语的例子

老师请你给我们举一个学汉语的例子

⑤　　　　　　　招待

招待客人

招待从广州来的客人

准备招待从广州来的客人

忙着准备招待从广州来的客人

大力一家人忙着准备招待从广州来的客人

（5）听写或填空

直接听写生词是最简单的检查生词形、音、义结合情况的方法，我们也可以把生词放在句子或段落中，用边听边填空的方式来进行。但这样要求会比较高，因为学生听到的是一连串的语音，他们得先识别，然后再记录下来。这里我们只举后一方法的例子，下面画线的部分为生词。

我的儿子李冬很<u>聪明</u>，学习也不错，可是他不<u>喜欢</u>考试。<u>小学</u>的时候，他想当老师，他说当老师没有考试，可以考学生。<u>中学</u>的时候，他想当校长，他说当校长可以管老师，老师得听校长的。现在李冬已经上了大学,我问他:"现在你想当什么?"他说:"我想当<u>经理</u>。这样可以管别人,还可以挣很多钱。"

（6）猜词

学生听一句话或一段话的描述或介绍,然后来猜词。这样可以练习学生的快速反应能力,当然这些词应该是学过的。

例：

① 老师：请一个人告诉另一个人一件事

学生：转告

② 老师：一个人告诉另一个人一句话,另一个人再告诉下一个人

学生：传口令

③ 老师：说话的速度

学生：语速

④ 老师：电影、电视、美术、歌舞等的统称

学生：艺术

⑤ 老师：自动洗涤衣服的家用电器

学生：洗衣机

⑥ 老师：从小被过多地宠爱照顾

学生：娇生惯养

⑦ 老师：比喻使人更加愤怒或使事态更加严重

学生：火上加油

⑧ 老师：今天白天,晴转多云,风向北,风力一二级,最高气温31度。今天夜间,阴有小雨,北转南风三四级,最低气温26度。请问这是哪个季节的天气预报?

学生：夏天/夏季

3. 学习句子的目的和注意事项

在预备性阶段学习句子,侧重于理解和反应。这些句子主要指那些容易影响理解的特殊表达方式,如反问句、"是……的"句等;包含特殊意义的结构,像"非……不可"、"差点儿"等;还有包含复杂的定语、状语、补语成分的长句,以及一些惯用语、歇后语、俗语等。训练的方式仍以听为主,在听时

也糅合了记忆、推理、判断等心理活动。

4. 学习句子的方法

(1) 听句子做动作

教师说一个句子,通常是一个含有指令意义的句子,要求学生快速反应并按照指令来做动作,或完成一项任务。

例 1：

　　① ××,请把后边的窗户打开。

　　② ××,把你的书给我。

　　③ ××,把你的外衣脱下来,挂在门口。

　　④ ××,把你的名字告诉你旁边的同学。

　　⑤ ××,把你左边同学的词典放进他书包里。

例 2：

　　① 请大家打开书,翻到第 137 页。

　　② ××,请你念一下第一个句子。

　　③ ××,请你念一下倒数第二行的那个句子。

　　④ 请大家翻回 132 页。

　　⑤ ××,请在 132 页的右上角写一下你的名字。

　　⑥ 请大家拿出一张白纸,用红色的笔画一个大大的心,再在里面写上"我喜欢你"四个字,然后把它交给你前边/后边的同学。

(2) 听上句,选择下句

句与句之间存在一定的逻辑关系,学生听懂上句,能够自然联想和预测到下句的内容。教师说,学生听后选择。

例：

　　① A：今天的天气真好。

　　　 B1：可不是,咱们出去逛逛吧。

　　　 B2：可不是,我没听天气预报。

　　② A：秋天的天气真好。

　　　 B1：是啊,秋天的水果真多。

　　　 B2：是啊,秋天是最好的季节。

③ A：要是一年四季都是夏天就好了。

B1：我很喜欢热。

B2：我也喜欢夏天。

④ A：大门旁边有一个信筒。

B1：我的信放在哪儿？

B2：出门就看见了。

⑤ A：我们学校的老师跟学生明天去参观。

B1：上午参观景山公园。

B2：下午参观北海公园。

⑥ A：王老师说他家有你要的书。

B1：你可以去他家拿。

B2：他家离这儿不太远。

（3）听句子，口头回答问题

请学生听一个句子，然后针对句中的关键词语或句义进行提问。

例：

① 她想换点儿钱买台洗衣机。问：她想买什么？

② 吃完饭、睡一觉，多好啊。问：她想做什么？

③ 货明天送到。问：今天商店能送货吗？

④ 这件米黄色的衬衣真好看。问：他喜欢什么颜色？

⑤ 这双鞋不错，我买一双。问：她在哪儿？

⑥ 昨天还有 16 把椅子，今天怎么就少了一把？问：教室里还有几把椅子？

（4）听句子，判断正误

学生听一个句子，或者听对一个句子意思的解释，然后判断正确与否。

例 1：

① 跟东北相反的方向是东南。　　　　　　　　　　（×）

② 跟西北相反的方向是东北。　　　　　　　　　　（×）

③ 在地图上，如果上为北、下为南，那么左为东、右为西。　（×）

④ 邮局在超市的北面，那么超市在邮局的南边。　　（√）

⑤ 教学楼的东面有一个操场，那么操场在教学楼的东边。　（√）

⑥ 教室的外边就是一个小花园，那么花园的里边就是教室。（×）

例 2：

① 这车有点儿小毛病，修的话，10 分钟就得。意思是这车 10 分钟就能修好。　　　　　　　　　　　　　　　　　　　　　　（√）

② 我们好容易爬上了长城。意思是他们很容易就爬上了长城。

　　　　　　　　　　　　　　　　　　　　　　　　　　　　（×）

③ 修鞋技术是一流的，价钱嘛，当然也是一流的。意思是修鞋的技术很好，价钱也不贵。　　　　　　　　　　　　　　　　　　（×）

④ 我再也没见过比他更聪明的学生了。意思是他是最聪明的学生。（√）

⑤ 我不是不想去，实在是抽不出时间。意思是他不想去，因为他没有时间。　　　　　　　　　　　　　　　　　　　　　　　　（×）

⑥ 那天他骑着自行车上街，有好几次差点撞了人。意思是他那天骑车撞了好几个人。　　　　　　　　　　　　　　　　　　　（×）

⑦ 你不是喜欢踢足球吗？意思是你不喜欢踢足球。　　　　　（×）

⑧ 这次周末旅行我去不了。意思是这次周末旅行我不能去。

　　　　　　　　　　　　　　　　　　　　　　　　　　　　（√）

（5）听后选择正确答案

学生听一个句子，然后就提出的问题选择唯一恰当的答案。通常给出四个选项，一个为正确答案，它具有唯一性，其余的答案具有迷惑性。阴影部分为正确答案。

例：

① 一斤黄瓜两块四，两斤西红柿三块六，一共六块钱。

问：一斤西红柿多少钱？

　　A. 一块二　　　　　　　　B. 一块八

　　C. 两块四　　　　　　　　D. 三块六

② 暑假我非去旅行不可。

问：这句话的意思是？

　　A. 我不去旅行　　　　　B. 我一定要去旅行

　　　　C. 我不知道去不去旅行 D. 我可能不去旅行

　③ 我哪里有钱和吃的东西啊?

　问:这句话的意思是?

　　　　A. 我有钱和吃的东西　　B. 请告诉我去哪儿找钱和吃的东西

　　　　C. 我没有钱和吃的东西 D. 哪儿有钱和吃的东西

　④ 李小丽妹妹的男朋友是一位中学老师。

　问:谁是中学老师?

　　　　A. 李小丽　　　　　　　B. 李小丽的妹妹

　　　　C. 李小丽的男朋友　　　D. 李小丽的妹妹的男朋友

　⑤ 兰兰请明明告诉红红,今晚六点半强强请他们吃饭。

　问:谁还不知道请客的事?

　　　　A. 兰兰　　　　　　　　B. 明明

　　　　C. 红红　　　　　　　　D. 强强

　⑥ 嘿,没想到,你还真有一套。

　问:说话人的语气是什么?

　　　　A. 夸奖　　　　　　　　B. 讨厌

　　　　C. 怀疑　　　　　　　　D. 否定

　⑦ 我这是老太太过年,一年不如一年喽。

　问:从说话人的语气,我们可以感觉到他的情况怎么样?

　　　　A. 他的情况很好　　　　B. 他的情况很糟

　　　　C. 他的情况越来越糟 D. 他的情况跟以前一样

(6) 听后模仿

请学生听一句话,然后模仿,要求整句记忆,注意重音、语调和语气。

例:

　① 请问,你是北京语言大学的老师吗?

　② 啊,这个学校真大!

　③ 想我? 是想让我请你吃饭吧?

　④ 上门修理是不是要花很多钱?

　⑤ 师傅,我的闹钟不响了,麻烦你帮我修一下。

⑥ 这里的夏天比较热,可是常常下雨,下雨以后就凉快了。

这种练习方式也可用来做词语替换练习,例如,例①可以这样给出:

老师:请问,你是<u>北京语言大学</u>的老师吗?(北京大学、国际交流学院、外语学院)

学生:请问,你是北京语言大学的老师吗?

老师:北京大学。

学生:请问,你是北京大学的老师吗?

(7) 听后完成句子

请学生听老师的上半句,然后说出下半句。这跟口语训练中常用的用指定词语完成句子的形式有所不同,听力技能训练中的完成句子常有强烈的暗示,学生需要顺势快速回答,答句也不能太长,对语言的正确度也不必过高要求。

例:

① 我们班的几位老师对我们都很严格,特别是……

② 上课的时候老师让我们……

③ 我的发音错了,老师就……

④ 欧美班的学生口语不错,可是……

⑤ 我的词典忘带了,麻烦你……

⑥ 艾米上课迟到了,因为……

二 听时练习

听时练习是听力技能训练的主体活动。以听为主,接收信息的方式有精听和泛听,听的内容有单句,也有段落、篇章等。学生听的过程其实是一个分析综合的过程,也是一个测误的过程。

由于设计出的练习是用来训练学生听的能力的,所以练习中要有明确的目的和针对性,什么样的练习适合考查哪方面的听力技能,学生具有哪方面的能力才可以做出这样的题,都是要考虑的因素。当然影响做题的原因可能出在听的方面,也可能是记、读等方面,不同的学生存在的问题也可能不同。但是,还是有一套通用的规律可循,应该对大多数学生都适用。

听时练习一般分为三个方面:听→练→讲。一般是先听,然后做练习,最后讲解。在实际操练中,这三个方面常常会交替进行,如边听边讲,边听边练,讲练结合等,我们可以根据情况灵活处理。听力材料一般放三遍,第一遍不停顿,要求学生先掌握文章的大体内容,做相应的概括性练习;然后听第二遍,做细节性练习,此时可以回放,特别是出错较多的部分可反复放;第三遍是核对,不用停顿。下面我们针对各个训练步骤进行详细的介绍。

(一) 概括性活动——获取文章大意

概括性理解主要针对段落和篇章而言,它是对文章大意的理解和把握。当我们听到一段话时,需要对所听内容有一个大概的理解,获取主要信息,了解说话人的态度和观点等。如本文主要讲了什么问题? 这个故事主要告诉我们什么? 作者的态度是什么? 它要求学生不仅有从纷繁复杂的细节中抽取主旨的归纳能力,还要有跳跃障碍、保持理解的连贯性的能力。我们常常在听第一遍后就进行概括性的理解活动。也可以在听前先提问,让学生带着问题听。

1. 进行概括性活动的目的和注意事项

在进行概括性活动时,教师的任务是帮助学生排除生僻词语和复杂句子的干扰,将注意力集中在概括文章大意上,告诫学生切忌纠缠于个别信息而影响对文章整体的把握。我们可以教学生通过分析文章的结构、寻找主题句、连接关键词语等方法来获取文章大意。

2. 获取主要信息的训练方法

(1) 寻找主题句

主题句往往蕴涵了文章的主要内容和作者的主要观点,找到了主题句也就找到了文章的关键信息。分析文章的结构可以帮助学生更快地找到主题句,因此教师可以先讲授方法,然后提供大量材料让学生边听边实践。比如,用演绎法表述的文章,其主题句常常位于段落的开始。

例:(画线部分表示主题句)

<u>喝茶有很多好处。</u>现在人们喝茶不仅是为了解渴,还因为茶有多种功能。吃饭以后喝杯红茶,可以帮助消化;困了喝杯茶能够提精神;胖的人多喝茶,可以减肥;喝茶还可以增加人体的维生素 C,使身体更

健康；家里来了客人，主人常常用茶招待，喝茶又成了人们进行社会交往的重要方式之一。

问：这段话的主要意思是什么？

A. 喝茶有很多好处

B. 喝茶的主要目的是解渴

C. 喝茶是招待客人的好方法

D. 在中国，喝茶的人很多

而用归纳法论述的文章，其主题句往往位于段落的最后。

例：

大卫的皮鞋前边张开了大嘴，他想买双新的。朋友告诉他这双鞋修理一下还能穿，于是带大卫来到修鞋的地方。大卫问修鞋的师傅："修这双鞋多少钱？"师傅伸出了五个指头。大卫说："啊？五十块？"师傅笑了笑说："是五块！"大卫听了，高兴地坐下了。穿上修好的鞋，大卫对朋友说："这比买一双新鞋合算多了。"

问：这件事主要告诉我们什么？

A. 大卫想买一双新皮鞋

B. 中国有很多修鞋的地方

C. 修一双皮鞋五块钱

D. 修鞋比买鞋便宜

还有的文章没有明显的主题句，或者只是叙述了一个故事，这就需要我们从论述过程或事件的发展过程中来判断。

例：

喝茶的习惯是从中国开始的。传说，中国古时候，有一个皇帝到树林里去打猎。这一天天气很热，过了一会儿，他渴了。侍从们取来泉水给他喝，皇帝要喝热水不喝冷水。侍从们就在树林里给他烧水。水快开的时候，忽然刮来一阵风，从树上掉下几片叶子，正好掉在了水锅里。侍从们都很着急，你看看我，我看看你，不知道这水还能不能喝。这时候，其中的一个侍从拿起碗，舀了一碗水，尝了尝，他觉得很好喝，又让别的侍从尝，大家都说味道不错。他们把这件事告诉了皇帝。皇帝也尝了尝,他很喜欢这水的味道。以后,人们就用这种树的叶子煮水喝,把这种树叫做茶树,把这种树的叶子叫茶叶。喝茶就从这时候开始了。

  问:这个故事主要告诉我们什么?

  A. 中国古时候有一个皇帝喜欢打猎

  B. 皇帝的侍从给他烧水喝

  C. 茶叶是茶树的叶子

  D. 喝茶的习惯是怎么开始的

(2)寻找与问题有关的一串词语

  有时,围绕着主题,语篇中会使用一连串有关系的词语,从而给我们提供了理解整篇文章的线索和暗示。将它们整合起来,可以形成一个完整的印象,顺着词语的线索最终也能抓住问题的答案。

  例:

    腊月初八叫"庆丰日"。腊月是农历 12 月,初八是 8 号,"庆丰日"是庆祝丰收的日子。每年的腊月初八,中国北方有这样一个习俗:喝腊八粥、做腊八醋。腊八粥是用各种米和豆子,加上枣、花生、核桃、芝麻和糖什么的做成的一种又香又甜的粥,用这种方法庆祝五谷丰登。这一天,人们还把醋和蒜放在一个罐子或者大瓶子里,封好放着,等到春节的时候吃。因为是腊八这一天做的,所以叫腊八醋。春节吃饺子蘸腊八醋,醋有蒜的味道,蒜有醋的味道,好吃极了。

  问:作者对腊八的习俗是什么看法?

  A. 无所谓

  B. 很喜欢

  C. 觉得麻烦

  D. 讨厌

(3)遵循汉语思维的时空顺序

  汉族人习惯于从大到小、由远及近,从左到右、由上及下地思维和理解事物,因此很多篇章都是按照这样的时空顺序来组织的。比如表达时间的方法是"2006 年 1 月 19 日上午 8 点 30 分";介绍家庭成员的顺序是"爷爷、奶奶、爸爸、妈妈";说方位,先说"东、西",再说"南、北"。教师应把这些知识介绍给学生,让学生了解中国人说话的习惯,然后进行相应的训练,这样有助于学生快速把握文章的层次和脉络。下面例1是由远及近来描写的,例2是按时间顺序来描写的。

例1:

梵·高的作品《阿尔勒的桥》最主要的特点是画面给人的那种平缓悠然感。桥的背景是淡蓝色的天,晴空明净;近处的树直直的,树梢和叶子一动不动,说明没有风;一个马车夫正坐在车里悠闲地从桥上走过;桥下,女人们正在河边洗衣服,看上去安闲自得。前景是一条船,浮在柔和的波纹之中,看上去也是那么赏心悦目。

问:这段话是按照什么顺序来描写的?

A. 背景、桥上、桥下、前景

B. 背景、桥下、桥上、前景

C. 前景、桥上、桥下、背景

D. 前景、桥上、桥下、背景

例2:

您怕我下了车不知道怎么走哇?我知道。小王家我去过一回。11路车站西边有个商场,是吧?下了车往前走不远,过马路,再穿过农贸市场,就到小王家了,对不对?

问:小王家在哪儿?

A. 11路车站西边就是

B. 下了车往前走不远就是

C. 过马路就是

D. 穿过农贸市场就是

(二)专项性活动——获取细节信息

除了把握文章的中心思想、段落大意以外,听话人还需要了解事件发生的时间、地点、人物、方式、结果等细节性信息,还得明确地把握论述的论据、事例、事实等。在专项性活动中,我们需要把输入的语言材料"掰碎揉细"了来理解。这些语言信息一般都包含在一个个单句中,但都是段落、语篇的有机组成部分。学生需要有抓重点和关键词的能力，以及对数字等信息的敏感。专项性活动常常在概括性活动之后进行，在听完第二遍后即开始。

1. 进行专项性活动的目的和注意事项

获取细节信息与听辨、识别语音有极大关系，还跟记忆能力、记录速度有关。所以在听的过程中，提倡随听随记。教师要告诉学生快速记录下重要的数字、地名、人名、关键动词，以备查考，记录时用汉字、拼音、符号、母语都行，它主要是弥补瞬时记忆的不足。如果有备选答案，可快速浏览，然后带着问题去听，边听边看，以减少做题的盲目性。

2. 获取细节信息的训练方法

（1）记忆、记录和计算

让学生边听边记录下重要的数字，比如时间、价钱、电话号码、房间号、人口数量、经济增长率等，这些都是说明问题时很重要的论据或者需要传递的消息。有时，还需要听后计算。学生可按照听的顺序来记录。

例1：

　　昨天金汉成、山本、大内和艾米去逛商店。金汉成买了一辆自行车，他给售货员 700 块，售货员找他 25 块；山本买了一个小录音机，他给售货员 150 块，售货员找他 11 块；大内买了三双袜子，她给售货员 50 块，售货员找她 12 块 5；艾米买了一支圆珠笔、4 个本子，她给售货员 20 块，售货员找她 3 毛 2。

　　听后填表：每个人各买了什么？买了多少？花了多少钱？

名字	品名	数量	钱数
金汉成	自行车	1 辆	675 块
山本	录音机	1 个	139 块
大内	袜子	3 双	37 块 5
艾米	圆珠笔、本子	1 支、4 个	19 块 6 毛 8

例2：

　　观众朋友们，晚上好！欢迎各位收看中央电视台的节目。今天是 10 月 28 日，星期二，农历九月二十七。现在我来为您介绍一下本台今天晚上将要播出的电视节目。首先在 19 点是新闻联播，19 点

38 分焦点访谈。19 点 55 分欢迎各位收看电视连续剧《咱爸咱妈》第六集。20 点 45 分为您播出的是第二届全国相声比赛的部分节目。中央电视台晚间新闻报道之后,22 点 30 分欢迎您收看《人与自然》节目。23 点播送地方台 30 分钟《大山的儿子》。之后是体育节目《足球世界》。好了,观众朋友,本台今天晚上的节目就为您介绍到这儿,希望这些节目能陪伴您度过一个愉快的夜晚。下面请您收看新闻联播节目。

　　听后连线

19 点	相声比赛的部分节目
19 点 38 分	电视剧《咱爸咱妈》
19 点 55 分	《人与自然》
20 点 45 分	新闻联播
22 点 30 分	体育节目《足球世界》
23 点	焦点访谈
23 点 30 分	地方台 30 分钟《大山的儿子》

(2) 理解和判断

让学生学会从上下文中理解、判断句子的意思,感觉说话人的语气,还有一些常用句式的特殊用法。我们通常使用选择正确答案或判断正误的方式来练习。

例 1:

王兰:小张下星期结婚,我得送她点儿礼物,你说送她什么好呢?

刘佳:那还不简单! 要我说呀,或者送她实用性的,或者送她纪念性的。

王兰:不,我想送她一个既有实用性又有纪念性的礼物。

刘佳:你可以送她一个别致点儿的台灯,这不是既有实用性,又有纪念性吗?

王兰:那倒是。不过,已经有人送她台灯了,我再送就不太好了。

刘佳:对了,你不是说她喜欢听音乐吗? 送她几盘音乐 CD 最好不过了。

王兰:嗯,这个主意不错。

① 问:"那还不简单"的意思是

    A. 那很简单

    B. 那不简单

    C. 那很难说

    D. 那送她简单的礼物

② 问:刘佳觉得送台灯怎么样?

    A. 有纪念性,没有实用性

    B. 有纪念性,也有实用性

    C. 没有纪念性,只有实用性

    D. 没有纪念性,也没有实用性

③ 问:送音乐 CD 怎么样?

    A. 这个主意最不好

    B. 这个主意还可以

    C. 这个主意非常好

    D. 这个主意好是好,不过也有点问题

例 2:

向日葵的老家在美洲。它在成熟之前,茎长得特别快,花盘总是面向着太阳。这是因为花盘下那一段茎秆,向着太阳的一面生长得慢,背着太阳的一面生长得快。结果,背光一面的茎秆比较长,向光一面的茎秆比较短,慢慢地茎秆变弯曲了,花盘就总是向着太阳。向日葵完全长成之后,就不再跟着太阳转了。

听后判断正误:

① 向日葵的老家在非洲。   (×)

② 向日葵的花盘永远向着太阳。   (×)

③ 向日葵向着太阳的原因跟它的茎秆有关系。   (√)

④ 向日葵的茎秆向光的一面长,背光的一面短。   (×)

(3)区分异同

让学生听完一段对话或叙述,找到对应的图画;或者再听另一段相关的对话或叙述,比较异同。做这类练习时,帮助学生把握区别性特征是最重要的方面。

例1:

　　小明喜欢运动,不喜欢学习。他网球打得很好,他每天都打网球。

　　小平喜欢学习,不喜欢运动。他常常跟英国人谈话,他英语说得很流利。

　　小宁不喜欢学习,也不喜欢运动。他喜欢打扫房间,他的房间又干净又整齐。

　　听后请找出对应的图片

例2:

　　王欢:山本,你的家在东京吗?

　　山本:在东京。

　　王欢:你家都有什么人?

　　山本:有爷爷、奶奶、爸爸、妈妈、哥哥、姐姐和我。

　　王欢:一共7口人?

　　山本:对,我们是一个大家庭。

　　王欢:你爸爸做什么工作?

　　山本:他是大夫。

　　王欢:你妈妈呢?

　　山本:她不工作,是家庭主妇。

　　仔细听下面的短文,然后说出它跟上文的异同。

　　山本的家在东京,他家有7口人:爷爷、奶奶、爸爸、妈妈、弟弟、妹妹和他。山本的爸爸是大夫,在医院工作;妈妈是中学老师。山本的弟弟和妹妹也是学生,他们在东京大学学习英语。

（三）语言类活动

在训练学生语言技能的过程中，听只是其中的一项。除了接收信息以外，听力技能训练也承担着学习语言的任务。语言规则的内化、语感的形成、语言能力的提高都离不开每时每刻的学习。通过听来理解语言、表达语言是最合乎自然习得法则的，我们不能放弃这最佳的时机。

1. 进行语言类活动的目的和注意事项

在听力理解的基础上学习语言要素和语用规则，可以减少很多不必要的环节，比如语言要素训练中典型的"引入"和"理解"的步骤，在听的过程中已经展现出来了，因此可以忽略，直接进入操练。教师要针对文中重要的表达方式和重要词语的用法来划定操练内容，不可面面俱到。操练的强度不需要很大，属于渐进式的规则要通过时间来强化它的使用，并最终熟练掌握。

2. 进行语言类活动的训练方法

语言类的活动主要包括学习字、词、句的用法。关于这一部分内容《汉语可以这样教——语言要素篇》中有详细的介绍，可参见该书。

三 听后练习

（一）延续性活动的目的和注意事项

听后练习是整个教学活动的最后阶段，是对本专题内容的进一步延伸。可以就文中提出的问题进行讨论，或对本话题的内容进行补充，或就事件本身发表意见，还可布置一些课后作业。

作为训练主体的尾声，延续性活动不宜占用较多的时间。讨论的问题要跟学生的生活和经验有密切关系，保证他们有感而发，同时也要切合学生的语言水平，学生不需要新的词汇或句子就能表达。

（二）进行语言类活动的训练方法

1. 引导式

教师用启发、引导、提出问题的方式将学生带入将要进行的活动中。

例：

　　刚才我们听了很多关于北京交通的问题，很多人的观念是，现在交通恶化的状况是大城市不可避免的现象。你觉得如何？有没有什么改进的方法？在你的国家，交通状况怎么样？有什么做法值得北京学习？

2. 总结式

教师用总结性的语言对所听的内容作一概括介绍，并结束课程。

例：

> 今天我们听了关于大熊猫生活习性的介绍，大家了解了大熊猫，也更喜爱大熊猫了。可是大熊猫却是一种濒于灭绝的动物，我们人类有责任来保护它。

3. 留作业式

教师可以将一些未尽事项教给学生课下完成，可以是再次聆听本课内容，完成填空等练习，也可以布置一些其他的有关材料让学生听，扩大学生的了解范围、加深对本话题的理解。

例：

> 今天我们听了北京的天气和季节情况，但是中国是个很大的国家，各地的气候都有不同。今天的作业是听一下范听课文，了解中国南北的气候差异，并完成课后练习。

第四节　汉语听力技能训练的教学方法和技巧

以上我们从课堂教学的角度，介绍了一些听力理解训练过程中的步骤，下面我们来介绍一下具体的教学方法和技巧。

一　听力技能训练方法和技巧的分类

按照不同的活动方式，我们可以把训练技巧划分为听说、听写、听做、听辨、听想、听记、听读等几种。每个技巧都是听与其他活动的结合，因此会表现出不同的训练侧重。

① 听说结合：可以训练学生的口头表达，可以考查学生语音、语调，判断说话是否流利、表达是否正确；在时间紧张的情况下，采用听说的方式最能节省时间，还能避免课堂沉闷。

② 听写结合：可以训练学生的汉字书写，有助于学生将语言的音、形、义统一起来，适合时间充裕时使用。

③ 听做结合：听后根据指令做各种形式的练习，也就是用语言做事。

④ 听辨结合：可以训练学生识别差异的能力，有效区分不同的声音和意义。

⑤ 听想(联想、猜测)结合：可以训练学生逻辑推理能力，锻炼他们猜测词义、句义的能力。

⑥ 听记结合：可以锻炼学生的记忆能力，有助于学生将短时记忆转化为长时记忆，储存语言知识，提高学习的效率。

⑦ 听读结合：可以训练学生快速阅读的能力，学生边听边看课文，能够加深理解，提高理解的速度；边听边读题，有助于学生快速寻找答案。

由于不同的训练技巧各有侧重，因此，它们也各有最适合检测的方面，如听辨语音、词汇，听写句子、段落等。当然，同一种方法可以考查听力理解的各个方面。如听说结合，可以说词语、说句子、说段落，可以模仿说、说答案。回答问题，我们只选择最典型的、最有效的形式来举例说明。

二　听力技能训练方法和技巧举例

(一) 听说训练

听后让学生及时用语言将听到的内容反馈出来，或针对所听的内容回答问题、进行表达训练，是听说结合最普遍的训练形式。听和说反映了语言学习和交流最直接的目的，只听不说，会抑制学生的表达愿望，也不利于培养学生的语言能力。

在听和说的训练中，一要训练学生捕捉声音的能力，让学生听后马上重复出来，锻炼他们的记忆能力；二要考查学生理解情况，针对听到的内容提问题，让学生回答，锻炼学生抓重点的能力；三是表达训练，转述内容，重新组合语言，训练学生理解记忆基础上的自由表达能力。以下的教学技巧也主要体现在这三方面。

1. 模仿句子

重复和模仿要在理解和记忆的基础上完成。教师可以用停顿把句子切分成一个个的有层次的片段,帮助学生理解和记忆。从表达的重点着眼,可以变换句重音,还要注意语调和语气。

例1:模仿停顿

这是法国进口的/高级服装。

今天晚上/我可以/睡个好觉了。

这些意见和建议/对改进我们的教学/很有帮助。

由陈文珊教授主讲的/中国文化讲座/将向您系统地介绍/中国文化。

例2:模仿句重音

昨天安娜没去上课。

昨天安娜没去上课。

昨天安娜没去上课。

昨天安娜没去上课。

例3:模仿句调

HSK 考试很难吧?

他哪儿会买东西?

你不是去过那儿吗?

我是日本人嘛,当然会写汉字。

12块,多便宜啊!

要是一年四季都是夏天就好了。

站住,说你呢!

好了,别说了!

2. 跟读并替换

替换练习是训练学生从形式到意义转换的有效方法。通过掌握句子结构,学生们可举一反三,有助于形成语言的熟巧。替换的部分可以是人物、时间、方式、处所和事件等。

例:

老师:我跟玛丽去商店 买东西。

老师:医院、看病

学生:我跟玛丽去医院看病。

老师：书店、买书

学生：我跟玛丽去书店买书。

老师：邮局、寄信

学生：我跟玛丽去邮局寄信。

老师：颐和园、划船

学生：我跟玛丽去颐和园划船。

老师：首都剧场、看京剧

学生：我跟玛丽去首都剧场看京剧。

3. 改说句子

改说句子是为了实现句子形式间的转换。在表达的理性意义不变的情况下，不同的句子形式可以表现出相同的意义，当然会有一些语义侧重或细节的差异，这里忽略不计。教师先规定转换的另一种句式，然后说出一个句子，让学生听后改说。

例：

老师：我写完作业了。

学生：作业写完了。

老师：我打扫完房间了。

学生：房间打扫完了。

老师：东西买回来了。

学生：我把东西买回来了。

老师：张先生请来了。

学生：我把张先生请来了。

老师：帽子刮跑了。

学生：帽子被风刮跑了。

老师：书借走了。

学生：书被人借走了。

4. 快速回答问题

教师针对句子成分设计问题，让学生回答。学生回答的时候语速要快。

例1：天气预报说，今天晚上有小雨。

老师：谁说今天晚上有小雨？

学生：天气预报说，今天晚上有小雨。

老师：天气预报说什么？

学生：天气预报说，今天晚上有小雨。

老师：天气预报说什么时候有小雨？

学生：天气预报说，今天晚上有小雨。

老师：天气预报说今天晚上有什么？

学生：天气预报说，今天晚上有小雨。

例2：玛丽从友谊宾馆出发，坐出租车去。

老师：谁从友谊宾馆出发？

学生：玛丽从友谊宾馆出发。

老师：玛丽从哪儿出发？

学生：玛丽从友谊宾馆出发。

老师：玛丽怎么去？

学生：玛丽坐出租车去。

5. 转告

向第三人转述说话的内容，要求学生在理解的基础上，用合适的语言来转告。只要细节正确、表述清楚就可以。

例：

老师：田军，明天咱们不参观了，因为没有车。明天8点上课。请你告诉王林好吗？

田军：王林，老师说明天咱们不参观了，因为没有车。明天8点上课。

老师：王林，麻烦你告诉一下张力，办公室有人找他，让他快点回来。

王林：张力，老师说办公室有人找你，让你快点回去。

老师：张力，今天你能看见刘清吗？上周他从我那儿借了一本书，你能不能帮我问问他看完了没有？

张力：刘清，老师问你上周从他那儿借的书看完了没有。

6. 听对话回答问题

主要针对段落设计。常常在听第一遍的时候问主要信息,第二、三遍的时候问细节信息。

例:我爷爷是个戏迷,他喜欢看京戏,也喜欢唱京戏。他每天早晨一大早就起床,到公园里溜达一圈儿,再唱上一段。他还真有几个老听众呢。

问:这一段主要介绍了什么?

　　爷爷是个什么迷?

　　他喜欢做什么?

　　他每天什么时候起床?

　　他每天去哪儿唱戏?

　　有没有人听他唱戏?

7. 听后根据所听内容组织对话

听一段叙述性的内容,然后让学生组织对话。内容不能太复杂,并且适合改编成对话。

例:这几天贝拉发烧 38 度,咳嗽得很厉害。今天她去医院看病。大夫给她化验了一下血,然后建议她打针。可是贝拉很怕打针,所以她让大夫开了一些药。

大夫:你怎么了?

贝拉:发烧、咳嗽。

大夫:我看看。你得去化验一下血。

贝拉:好。(一会儿)大夫,这是化验结果。

大夫:有点儿问题。打几针吧。

贝拉:我最怕打针了。您给我开点儿药吧。

大夫:好吧。回去以后好好休息。

贝拉:谢谢大夫。

(二) 听写训练

在听的基础上将语言的音、形、义统一起来,就要用到听写的方式。由于汉语的书写形式——汉字与拼音文字有很大的不同,所以听写的过程考查的不仅有听力理解问题,还有文字问题,甚至还有记忆问题。听写的方式可以是边听边写,也可以是听后写。

1. 填空

无论是听句子还是听段落,第一遍只听不写比较好,这样可以让学生先理解,判断可能听写的内容,然后在听第二遍的时候尽量快速记录,第三遍的时候核对整理。听写句子的方法比较简单,只要找出需要听写的单句即可。另一个常用的方式是边听边填空,句子或语段中只空出重要的部位让学生填写,如下列的空白部分设计为时间,也可以设计成事件(做什么)。

例:

星期日<u>上午9点</u>,贝拉准时来到杨文中家。她学了<u>两个小时</u>画画儿,<u>11点5分</u>从杨老师家出来。听说北京烤鸭很有名,她想尝尝烤鸭,<u>11点40分</u>来到全聚德烤鸭店。吃完烤鸭,<u>12点半</u>她去琉璃厂买了几支毛笔和几本书。<u>下午3点</u>她到北京饭店看了一个朋友。<u>差5分6点</u>她跟朋友一起去麦当劳吃汉堡包。

2. 边听边填表

教师提出要求,学生按照教师的指令在规定的地方写出适当的内容。可以是表格的形式,也可规定在第几行、第几列,纸张的左下角、右上角等。

例:

① 在表的左上角写你的名字

② 在表的右上角写你的年龄

③ 在表的左下角写你的住址

④ 在表的右下角写今天的日期

⑤ 在表的中间写你的国籍

⑥ 在第一行第二格写你的生日

⑦ 在第三列第二格写你的班号

姓名	生日	年龄
	国籍	班号
住址		日期

3. 听后写

让学生听一段叙述,然后把听到的内容写出来。可以是回答问题,也可以是写中心思想,或者简写、缩写等。这种方法对写的要求稍高一点,因为它需要表达连贯,学生的语言水平低的话建议不采用。在此也不做举例。

(三) 听做训练

根据老师的指令,学生们边听边做或听后做各种练习,这种方法主要用来检查学生的理解,很多不需要说和写的活动都可以归在这一项里。

1. 听后判断正误

听一个句子或一段话,然后判断所给出的说明或解释是否正确,这是听力理解中最常使用的方法之一。

　　例:

　　　　皮埃尔:张沪生,你好啊。

　　　　张沪生:你好,皮埃尔,好久不见了,你还在北京语言大学学习吗?

　　　　皮埃尔:不,这学期我转到北大历史系去了。

　　　　张沪生:跟中国学生一块儿上课,不轻松吧?

　　　　皮埃尔:可不是,比以前吃力多了。不过,语言环境很好,说汉语的机会也比以前多了,我又认识了不少新的中国朋友。

　　　　张沪生:怪不得你汉语说得越来越棒了呢。

　　　　皮埃尔:哪儿啊,过奖了。

　　根据录音内容,判断下列句子是否正确:

　　　　① 上学期皮埃尔在北京语言大学学习。　　　　　　　　(　√　)

　　　　② 皮埃尔这学期转到北大中文系去了。　　　　　　　　(　×　)

　　　　③ 皮埃尔对新的学习环境很满意。　　　　　　　　　　(　√　)

　　　　④ 在北大学习很轻松。　　　　　　　　　　　　　　　(　×　)

　　　　⑤ 皮埃尔的汉语说得不错。　　　　　　　　　　　　　(　√　)

2. 听后选择正确答案

同听后判断正误一样,听后选择正确答案也是简单易行的常用方法。但是要注意备选项不能少于三个,否则就会失去区分意义。具体例子请参见第 75 页(5)。

3. 边听边连线

参见第 82 页例 2。

4. 听后填图

这个方法多用来考查学生对方向、位置的理解。一般是先画出图，让学生边听边填上每个地方的名称。

例：这是我们的学校。我们的学校很大，有很多教学楼。左边的这个是教一楼，教一楼的东边是物理楼，文科大楼在物理楼的北边，物理楼东南边的那个白楼叫逸夫楼，它是一个有名的人捐赠的。

请在图上填出下列地方的序号。

① 教一楼　　② 物理楼

③ 文科楼　　④ 逸夫楼

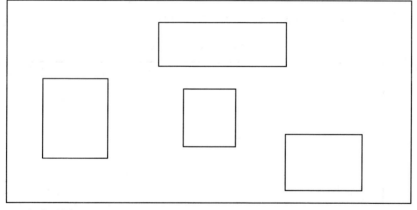

5. 听后画图

学生根据老师的口述画图。老师说一段描述物体形状、人物外貌、方位、摆放位置等的段落，学生边听边画，要求突出细节特征。

例 1：

三月十五号下午，在天安门广场，走失了一个叫毛毛的小男孩。毛毛今年六岁，身高一米二左右，圆脸，大眼睛，左耳下有一个小黑痣。不会说普通话，只会说上海话。穿一身咖啡色衣服，白色运动鞋。有知其下落的，请跟长城饭店 521 房间的焦新联系。必有重谢。

为方便寻找,请画一张毛毛的画像。

毛　毛

例 2：

　　方云天的房间不太大。一进门,左边是一张床,右边是一张桌子。桌子和床的中间放着一个书架,书架的上面摆着很多书。床下有一个篮球,桌子上有一张照片。

　　请把下列物品安放到图中合适的位置

　　桌子　床　书架　篮球　照片

6. 听句子选图

学生听一个句子或一段话,然后根据所听内容找出对应的图片。

例 1：丁兰家有爸爸、妈妈、妹妹和一只小狗。

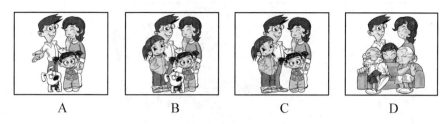

例 2：妈妈正在客厅给朋友打电话。

例 3：新年快到了，王老师从商店买回来很多吃的、喝的东西。

例 4：天气预报说，明天上午天晴，中午后有大风。

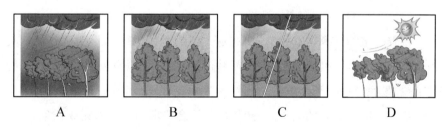

7. 看地图，找地点，画路线

给学生一张图，然后让他们听一段话。要求学生听后标出要找的地点或画出所走的路线。

例：观众同志请注意，今天的晚会散场较晚。需要乘坐 23 路夜班车的同志，请出了影剧院往西走，在电脑公司门前过马路，然后顺着大街一直往北,过了丁字路口,路西有个停车场,23 路车站就在停车场附近。

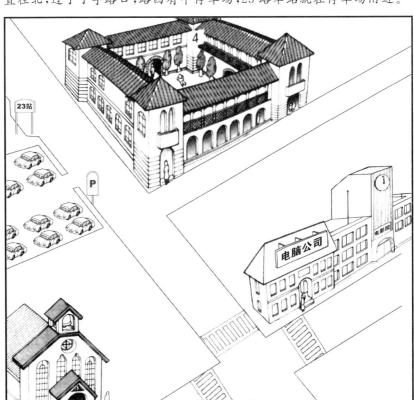

8. 查找信息,完成任务

带着一定的任务去查找有关信息,是听力训练的一项重要工作。这类信息常常是列车时刻表、影剧院的放映时间、会议的日程安排、最便宜的物品价钱、最经济的乘车路线等。先给学生规定好任务,然后让学生听,学生要能快速检索出需要的信息,并选择出最符合要求的项目来完成任务。

例:听服务员和旅客的对话,注意北京到天津的车次和发车时间。按老师分配给自己的角色边听边检索出适合自己的车次及发车时间。

提示:北京到天津的快速车一个小时 15 分左右到达。慢一点儿的车叫快客,票价便宜,两个多小时到达。

任务:

① 上午 11 点在天津跟一个朋友见面。

② 10 点 30 分到北京站,想马上出发。

③ 中午到北京站,想吃完午饭出发,下午 3 点以前到天津。

④ 下午 5 点到北京站,想坐快速车。

⑤ 也是下午 5 点到北京站,想坐快客。

下面请听一旅客和服务员的对话:

旅客:请问,去天津的火车一天有几次? 几点发车?

服务员:从北京站发车,终点是天津的一共有 12 次。其中快速车 10 次——K231,7:00 发车;K233,7:50 发车;K235,9:02 发车;K237, 11:00 发车;K239,13:00 发车;K241,14:06 发车;K243,15:10 发车; K 245,16:50 发车;K 247,17:51 发车;K 249,19:00 发车。另外还有 两次快客——611 次,4:16 发车;601 次,17:35 发车。

9. 听句子,按指令做动作

参见第 73 页(1)听句子做动作。

10. 听后表演

听一段带有情节性、故事性、动作性的话,然后学生把听到的内容表演出来,可以加上适当的语言。其他同学注意观看,并指出遗漏或添加的内容。

例:

① 今天小王接到女朋友的来信,很高兴,可是看完以后他很沮丧,因为女朋友说新年不能来看他了。

② 下课了,尼克回到家,先把外衣挂在门后,把书包放在桌上,然后走到沙发边坐下,打开电视,高高兴兴地看起来。

③ 早上起床以后,彼得急急忙忙地刷牙、洗脸、刮胡子,连早饭也没吃就跑出门去。他跑到汽车站,等车的人很多,第一辆车他没上去。彼得不停地看表,很着急。又来了一辆车,彼得使出很大的力气,终于挤了上去。

(四) 听辨训练

在听力理解的过程中,识别汉语的声、韵、调,是听懂话语、理解意义的最基本的能力。因此听辨活动常用来训练学生对汉语语音的感知和辨别。

在检查听辨结果时要用到说、看、写、做等多种训练技巧,下面举例说明。

1. 跟读,听后模仿

要想正确地分辨语音,聆听、跟读、模仿发音是很必要的。由于训练听觉不同于教发音,所以训练方式侧重于先听,后说;所听的语音也侧重于易混的声、韵、调,以及声调组合时的连读变调等。

例:

yì qiān	yì shí	yì bǎi	yí wàn
一千	一十	一百	一万
bù tīng	bù xué	bù xiě	bú kàn
不听	不学	不写	不看
yǔfǎ	kěyǐ	yóuyǒng	xǐzǎo
语法	可以	游泳	洗澡
māma	yéye	jiějie	bàba
妈妈	爷爷	姐姐	爸爸

2. 声、韵母举示

发给学生声、韵母的卡片,老师说音节。学生听后举卡片,示意所听音节中的声、韵母。注意只区分不同音节的声、韵母。

例:

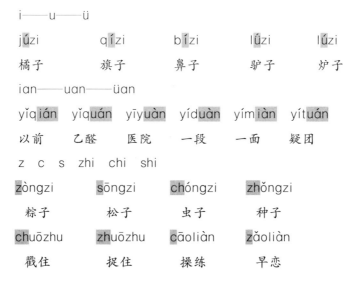

i——u——ü

jǔzi	qízi	bízi	lǘzi	lúzi
橘子	旗子	鼻子	驴子	炉子

ian——uan——üan

yǐqián	yǐquán	yīyuàn	yíduàn	yímiàn	yítuán
以前	乙醛	医院	一段	一面	疑团

z c s zhi chi shi

zòngzi	sōngzi	chóngzi	zhǒngzi
粽子	松子	虫子	种子
chuōzhu	zhuōzhu	cāoliàn	zǎoliàn
戳住	捉住	操练	早恋

3.听音填表:声母、韵母的拼合

把声母、韵母分别列在表格的左列和上行,然后老师按序号念一些音节,学生根据它们的拼合在适当的位置上填出序号。

例:老师念以下音节

①ban　　　　②pen　　　　③pin

④ting　　　　⑤kang　　　　⑥geng

⑦kan　　　　⑧deng　　　　⑨tang

	an	ang	en	eng	in	ing
b	①					
p			②		③	
d				⑧		
t		⑨				④
g				⑥		
k	⑦	⑤				

4.画出听到的音节

老师给出很多组的音节,然后念每组中的其中一个,请学生画出听到的音节。阴影部分是正确答案。

例:

① zao **cao**　　② **san** zan　　③cong **song**

④ **zhai** shai　　⑤zhou **chou**　　⑥ **chui** shui

⑦ she **re**　　⑧shen **ren**　　⑨ **zui** zhui

⑩ cun **chun**　　⑪shang **sang**　　⑫**zhuang** shuang

5.听后判别正误

给学生提供一个音节,老师念一个跟这个音节相同或不同的音节,让学生判断提供给学生的音节是对还是错。老师念的音节,不同的用阴影标出,相同的不再列出。

例:

① **zuìjìn** zūnjìng （×）　　② wǎnshang 　　（√）

③ **kǒushì** kěshì （×）　　④ xuéxí **xiūxi** （×）

⑤ lùyīn 　　（√）　　⑥ zuòyè **zòuyuè** （×）

⑦ kèkǔ　kègǔ　　（×）　⑧ páiduì　báiduì（×）

⑨ róngyi　róngyī　（×）　⑩ wánquán　　　（√）

6. 边听边填空

空出一些声母、韵母或音节的位置，学生边听边填写。

例1：

① c ū　粗　　　　　② z ūn　尊

③ sh uí　谁　　　　④ sh uài　帅

⑤ ch uáng　床　　　⑥ r uò　弱

⑦ s ù sh è　宿舍　　⑧ sh uǐ zh ǔn　水准

⑨ zh uān zh ù　专注　⑩ sh uā xǐ　刷洗

例2：

Nǐ　qù　nǎr?　　　　　Nǐ　zhù　nǎr?

① 你 去 哪儿?　　　你 住 哪儿?

Tā　mǎi　yān.　　　　Tā　mǎi　yán.

② 他 买 烟。　　　　他 买 盐。

Wǒ　mǎi　fáng.　　　Wǒ　mài　fáng.

③ 我 买 房。　　　　我 卖 房。

Shuí　yǒu　gāngbǐ?　Shuí　yào　gāngbǐ?

④ 谁 有 钢笔?　　　谁 要 钢笔?

Tā　yào　táng.　　　Tā　yào　tāng.

⑤ 他 要 糖。　　　　他 要 汤。

Zhè　shì　wǒ　de　qīzi.　Zhè　shì　wǒ　de　qízi.

⑥ 这 是 我 的 妻子。　这 是 我 的 旗子。

Wǒ　de　dùzi　bǎo　le.　Wǒ　de　tùzi　pǎo　le.

⑦ 我 的 肚子 饱 了。　我 的 兔子 跑 了。

Wǒ　kàn　zázhì.　　　Wǒ　kàn　zájì.

⑧ 我 看 杂志。　　　我 看 杂技。

7. 填调号

给出一些音节，学生边听边添上调号；或者让学生听后将所听到的音节按照调号类型归类。

例：

① fēijī(飞机)　　　　　　② huānyíng(欢迎)

③ qiānbǐ(铅笔)　　　　　④ shēnghuó(生活)

⑤ xiāngjiāo(香蕉)　　　　⑥ chēzhàn(车站)

⑦ tīngxiě(听写)　　　　　⑧ yīyuàn(医院)

ˉ ＋ ˉ	fēijī(飞机)	xiāngjiāo(香蕉)
ˉ ＋ ˊ	huānyíng(欢迎)	shēnghuó(生活)
ˉ ＋ ˇ	qiānbǐ(铅笔)	tīngxiě(听写)
ˉ ＋ ˋ	chēzhàn(车站)	yīyuàn(医院)

（五）听想训练

在交流时，听话者并不是被动地接受信息，而是积极参与到谈话过程中，他的大脑总在一刻不停地接收、破译语言信息。从说话者的上文可以预测下文可能说什么，从说的话题联想到相关的词与句子，遇到没学过的生词时也会根据语言知识和具体语境来猜测词义。训练学生的联想猜测能力即是听想训练中的主要内容。下面举例说明。

1. 听上句，接下句

汉语是语法形态不明显的语言，语言的内部组合主要靠"意合"，许多句子即使表面不含有任何关联词语，但却有其内在的逻辑性。往往听上句，就能猜出下句。

例 1：借助关联词语，教师说上句，让学生选择下句

① A：虽然今天天气很好，

B1：但是我身体很好。

B2：但是风很大。

② A：因为今天天气很好，

B1：所以我身体很好。

B2：所以我打算出去玩儿。

③ A：即使今天天气很好，

B1：我也得在家工作。

B2：也会下雨。

④ A：要是今天天气好，

B1：我就骑车去。

B2：你就多吃点儿饭。

⑤ A：今天不但天气好，

B1：而且我的心情也好。

B2：而且不下雨。

例 2：不含有关联词语

参见第 73 页（2）。

2. 猜词义、句义

在介绍学习生词的方法时，我们已举过此例。另外，遇到其他不理解的成分，我们也都可以根据上下文或语境来猜测它的意义。

例：

① 听从东北回来的人说，那儿现在很冷，你得带上羽绒服。

问：现在是什么季节？

  A. 春季   B. 夏季

  C. 秋季   D. 冬季

② 他叫布朗，美国人，是我在美国学习时的同窗好友。

问：布朗是谁？

  A. 我的老师   B. 我的同学

  C. 我的老板   D. 我的公司职员

③ 这位同学，你借的书已经过期了，按规定，要罚款。

问：这是在什么地方？

  A. 图书馆   B. 教室

  C. 学校   D. 商店

④ A. 你喜欢金婉吗？

  B. 当然了。我们从小一起长大，有二十多年的感情了。

问："金婉"是什么？

  A. 今天晚上   B. 金的饭碗

    C. 人的名字　　　　　　　D. 地方的名字

⑤ A. 电影票买二十排的怎么样？

  B. 再近点儿吧。我眼睛近视，看不清楚。

问：第二个人对买电影票有什么看法？

  A. 二十排的票很好　　　　B. 坐二十排很好

  C. 坐二十排有点儿近　　　D. 坐二十排有点儿远

（六）听记训练

  边听边记是保持短时记忆效果的最好办法，任何听过的东西，即使理解了，也很难在脑中保留较长的时间，必须随听随记。很多听后练习也都有赖于学生的记录来完成。

  需要记录的内容主要有人名、地名、时间、日期、方式、结果、交通工具、各种数字、作者的观点、谈论的话题、情节等。

  记录的作用只是必要的提醒，以备遗忘，所以记录的方式可以多种多样，汉字、拼音、母语、字母、缩写、符号、箭头、图画等都可以使用，关键是要方便快速记录，并且听后容易识别。

（七）听读训练

  边听边读的方法主要在做题时用到，不论是做听后判断正误还是听后选择正确答案题，都需要学生一边看、一边听。在听之前和听时快速浏览阅读题干，不仅可以加快做题的速度，更可以帮助理解。

  另外，在学习生词和课文的时候也用这一方法来帮助定音。

  听读训练更偏重于阅读能力训练，所以这里我们也不详细说明。

  以上介绍了训练学生听力技能的一些方法和技巧，教师们可以根据情况有选择地使用。经过一段时间的练习，学生的听力水平会有很大提高。

参考文献

崔永华、杨寄洲　2002　《汉语课堂教学技巧》，北京语言大学出版社

徐子亮　2000　《汉语作为外语教学的认知理论研究》，华语教学出版社

杨惠元　1996　《汉语听力说话教学法》，北京语言文化大学出版社

赵金铭主编 2004 《对外汉语教学概论》,商务印书馆

周 健、彭小川、张 军 2004 《汉语教学法研修教程》,人民教育出版社

周小兵、李海鸥主编 2005 《对外汉语教学入门》,中山大学出版社

本章有关实例选自下列教材

北京语言大学编 1999 《中级汉语听和说》,北京语言大学出版社

刘士勤、彭瑞情编著 2001 《新闻听力教程》,北京语言大学出版社

杨惠元主编 2000 《速成汉语初级听力教程》,北京语言大学出版社

第四章 汉语阅读技能 教学法与教学技巧

第一节 汉语阅读技能训练的目的

无论是母语学习者还是外语学习者，在接触了一定的文字以后，都要把阅读作为他们学习的重要组成部分，而且这个学习是可以贯彻始终，并终身受益的。

一 阅读技能训练的重要性

阅读技能训练指在课堂教学中，运用各种有利于正确理解和快速理解的方法，训练学生读懂句子和篇章能力的专门教学。

在第二语言教学中，对学生进行阅读能力训练具有重要的意义。这不仅因为阅读行为有助于提高学生的语言综合能力，巩固和加深对语言的理解和运用，更能使学生摆脱只会听说、不能识字的文盲状态，提升学习的境界。从阅读中获得的知识和信息不仅能解决学生的生活问题，还能满足他们了解目的语文化的需求，丰富他们的见解，使他们的语言知识更好地与社会知识相融合。

二 阅读技能训练的原则

在有限的课堂教学中，教师要把教学重点放在传授阅读技巧，提高学生的理解能力和阅读速度上，通过有效的阅读活动，培养学生良好的阅读习惯和熟练的阅读技巧。在训练中要发挥教师的指导作用，并遵循以下原则：

① 课堂教学以阅读活动为主，讲解和练习要紧密配合阅读活动进行，

不过多讲解。

②　扩大阅读量,保证足够的文字输入刺激,以训练学生对字、词、句的快速识别和领会,培养他们对汉语的语感,同时积累词汇。

③　正确处理理解水平和阅读速度的关系,在保证理解的前提下,加强阅读速度训练。

④　注意培养学生良好的阅读习惯。帮助学生树立根据阅读目的来选择阅读方法的意识,杜绝拿来就读和逐字研读的习惯。

三　阅读技能训练的侧重点

阅读理解是视觉文字信息与读者已有知识图示相互作用的结果。课堂阅读技能训练要紧紧围绕这两方面下工夫。

①　由于阅读的视觉符号——汉字具有特殊性,所以阅读时辨认汉字、利用汉字的表意性来理解文意显得十分重要。在阅读技能训练中除了一些基本的阅读技巧以外,还要加入汉字、词的理解训练。

②　要从汉语特点出发、加强对汉语特殊表达方式的理解和训练。汉语"重在意合"的语义句法跟其他语言相比具有很大不同,主要表现在它不分词排列,没有词形的变化,形态标志不丰富,注重语义的连接和契合,因此理解起来困难很多。还有很多特殊表达方式如趋向补语、可能补语、程度补语,以及特殊句式,如"把"字句、"是……的"句等,这些难点都容易成为理解的难点,汉语阅读技能训练要多在这些方面下工夫。

③　重视文化知识、社会知识的传授。阅读是一个积极的思维活动过程,学生已有的文化水平、认知能力和社会知识都可以帮助他们,加快理解的过程。阅读活动也是积累知识的重要途径,利用阅读来向学生传授汉语文化和知识,可以帮助他们学习和把握汉语思维的特点,了解中国人的心理、文化、审美情趣和价值取向。这样,获得的知识越丰富,越容易破解文意。将语言能力和知识系统结合起来以后,阅读的效果和速度才会真正显现出来。

第二节　汉语阅读技能训练的层次

阅读技能训练有一定的层次性,我们主要从以下这几个方面把握。

一　语言理解的层次

学习者的理解能力包括对字、词、句、段落、篇章等各个层次的理解。其中理解篇章是阅读的核心。虽然在训练阅读能力的时候,我们可以按照理解字、词、句、段落、语篇的程序来进行单项训练,但理解字、词、句的最终目的是理解篇章。因此,在进行阅读技能训练时,应把训练理解篇章能力放在首位。

二　阅读材料的层次

阅读材料应难度适宜,过难或过易都不利于学生学习。最常见的问题是阅读材料难度过大,学生耗费时间很多,仍然理解不了,这样既影响学习的效果,又打击学生的学习热情。

生词的数量和句子的长度是衡量阅读材料难度的基本指标。一般认为合适的阅读材料,其生词量在 2%—5% 之间;句子的长度按 100 个词语中含有多少个句子来判断。句子少,说明句子长,也就是说语法结构相对复杂。文章的文化背景也不能太复杂。

文章的篇幅,初级一般在 100—200 字,然后逐渐增加到 400 字、800 字甚至更多。初级水平的阅读速度,可以从 80—100 字/分开始,逐渐提高至 100—120 字/分;中级的起点为 100—120 字/分,以后逐渐提高至 120—150 字/分。依此类推、相互衔接,高级水平最后可达到 180—200 字/分,比较接近母语使用者的阅读速度。快速阅读时要求会更高些。

三　阅读方式的层次

根据不同的阅读目的和速度,阅读方式一般分为精读和泛读两种。精读(也称细读)指细细研读,它是一种综合性的语言能力训练,既要求理解的准确和正确，也要求一定的速度。理解的内容包括材料的主要信息和细节信息两个方面，还肩负一定的学习字、词、句的任务。以上的速度说明也主要是针对精读而言的。泛读主要包括通读、略读（或称粗读、掠读）、查读（或称寻读、查阅）几种形式，主要指快速阅读。通读的目的常常是欣赏小说等文学类作品，我们在课上不多练习，可布置成课外作业。在课上我们主要训练快速略读，要求学生获取主要信息、概括文章大意或中心思想；快速查读，寻找所需的信息等。因此，在以下的部分，我们主要围绕着精读、略读和查读三个方面来介绍有关的方法和技巧。

第三节 汉语阅读技能训练的教学环节

进行阅读技能训练时，我们可以因地制宜，利用现有的课文，用训练阅读的方式来进行；也可以根据教学的空闲时间，补充一些阅读材料。只要是将教学的目的放在培养学生的阅读能力上，都可按照以下的环节来操作。

一 预备环节

阅读之前，先处理生词并对阅读内容进行合理的预测。

（一）处理生词

阅读材料里总会有一些学生不认识的生词，甚至包括一些学生学过、但复现率低的词语，它们都会影响学生的理解。进行阅读技能训练的一个重要方面是培养学生猜测理解词义的能力，所以就大部分生词而言，我们需要通过阅读技巧来解决理解问题。但是仍有一部分生词或因意义重要、或因无法设计练习，需要我们在阅读前帮助学生理解。

处理生词时重在理解记忆词义，因此教学中不要占用太多的时间练习。教师可以简单说明一下词义、领念几遍；或者给出生词，让学生查查词典，即可过去。需要运用的词语也放在阅读中来练习，因为文章给出了使用该词的环境和条件，比较利于说明。

（二）预测文章大意

拿来一篇文章，人们总要先浏览一下大题目、小题目或者书籍的目录，确定对该文内容感兴趣才会继续阅读,因此从题目或目录中预测将要谈论的话题也是阅读的先期准备工作。

预测文章内容的环节也可以称之为"引入环节"。顾名思义,它可以把学生带入将要阅读的环境中。教师可以用介绍的方法来向学生说明有关的背景知识,也可以用提问、启发的方法调动学生储备的知识,引导他们探讨文章的内容,进行合理的预设,勾起阅读的兴趣。

例:烤鸭

到北京的人,一定不会忘记这么两句话:"不到长城非好汉,不吃烤鸭真遗憾。"

提到北京烤鸭,人们自然会想到"全聚德"。其实,由于烤法不同,北京烤鸭可分为挂炉和焖炉两种,挂炉以全聚德为代表,是以明火烤制的。焖炉烤鸭最好的要数地处崇文门的"便宜坊",其特点是鸭子不见明火。

教师可以介绍:

北京最有代表性的美食是烤鸭,制作烤鸭的技术已经有一百多年的历史了。但是最有名的烤鸭在哪儿?它的制作方法是什么?你们知道吗?下面我们来看一段介绍。

二　阅读环节

阅读环节是阅读技能训练活动的主要组成部分,它包括阅读步骤和练习步骤。在阅读中,我们会有一些时间上的要求,比如阅读多长时间,完成多少练习等,这在开始阅读时就向学生说明。精读的文章通常会阅读两到三遍,中间穿插练习和讲解;快速阅读一般只阅读一遍,完成规定的任务即可。针对不同的阅读方式,阅读理解的任务也有所不同。略读的主要任务是要求学生领会文章大意和中心思想,这也是精读的任务之一,所以我们把它放到精读训练中来一并说明;查读训练方式我们另外单独说明。

(一) 精读(略读)的教学环节

在课堂阅读训练中,可以按照自下而上的程序来组织教学,也可以按照自上而下的程序来进行。自下而上式按照理解字—词—句—篇章的过程来操作,是由语言的低层次到高层次、从细节内容到主要内容、从表面形式到深层意义的理解过程。自上而下式正好相反,先抓文章的主干,再关注文章的细节,先领会篇章、句义,再分析字、词、句的形式。两种方法各有千秋,这里我们主要介绍后者。

1. 理解、概括文章大意

任何一篇文章,无论是议论文,还是说明文;不论是写人,还是状物,都要表达作者的思想感情,阐述一种观点,亮明一种态度。围绕着这个中心,会有事实说明、例子佐证、细节描写等。因此在阅读时,我们首先要搞清楚作者要说明什么,他的主要观点是什么。从文章中提炼、概括文章大意和中心思想是精读和略读方式的共同任务,训练学生理解、概括文章大意的能力是阅读技能训练的重要任务。

在阅读之前,教师可以提出问题,如:本文的主要内容是什么? 在这一段,作者主要告诉我们什么? 下面哪种观点是正确的? 这篇文章主要谈了什么? 作者的主要观点是什么? 让学生带着问题去阅读。阅读开始后,学生不要轻易中断阅读,不要查词典,也不要一字一句地读,保持阅读的连贯性,这样有助于形成对文章的整体理解,忽略冗余信息。阅读一遍以后,教师可以让学生做练习。练习的形式主要是问答和多项选择。

训练学生概括文章大意的能力需要跟分析文章结构联系起来,如找主题句、抓关键词等,这里举两个例子,具体的训练方法在下节中详细说明。

例1:小人书

对于现今30岁以上的人,小人书曾是他们最初吸取知识的一个很重要的源头。很多人肚子里的历史典故、民间传说、古典小说的情节、人物,往往是从小人书中得到的。在没有电视的年代,捧一本巴掌大小的图文并茂的小人书,津津有味地看着,是常见的大众文化景象。

问:本文的主要内容是什么? /在这一段,作者主要告诉我们什么? /下面哪种观点是正确的? /这篇文章主要谈什么? /作者的主要观点是什么?

A. 小人书介绍了很多历史故事

B. 因为没有电视,人们才看小人书

C. 小人书曾经是人们喜爱的一种阅读形式

D. 30 多岁的人最爱看小人书

例 2：苏珊的帽子

　　苏珊是个爱笑的孩子。可是，当她念一年级的时候，她突然病了，而且在医院住了三个月。回到家的时候，她显得更小了，也不如以前那样爱笑了，原来美丽的头发，现在都快掉完了。这个样子怎么去学校上课呢？

　　在苏珊回校上课前，苏珊班上的老师对同学们这样说："从下个星期一开始，我们要学习认识各种帽子。所有的同学要戴着自己最喜欢的帽子到学校来，越特别越好！"

　　星期一到了，离开学校三个月的苏珊第一次回到了她的教室。但是，她站在教室门口一直没进去，因为她戴着帽子。

　　但她走进教室的时候，她看到她的每一个同学都戴着帽子。和他们的帽子比，她的帽子显得那样一般，没有什么让她觉得特别的。她笑了，笑得那样美。

　　日子就这样一天天过去了。现在，苏珊常常忘了自己还戴着帽子。同学们呢，好像也忘了。

　　问：本文主要内容是什么？/作者要告诉我们什么？/下面哪种观点是正确的？/本文主要谈什么？/作者的主要观点是什么？

A. 苏珊是个爱笑的孩子

B. 同学们上课的时候应该戴帽子

C. 老师要教学生们学习认识帽子

D. 老师巧妙地保护了苏珊的自尊心

2. 理解细节信息

　　围绕着中心思想，作者会列举很多细节信息来说明和支撑中心论点，或叙述事件的发展。这一般分为两类：一是客观事实，包括时间、地点、人物、事件的来龙去脉、相关数据和图表等，另一类为主观评价，包括作者对事物的看法、褒贬态度等。了解细节信息有助于我们深入把握文章的内涵，这也是精读训练的重要内容。

在阅读第二遍或第三遍时,教师可以要求学生将注意力放在对语言内容的分析解剖上,分辨事实细节,体察和领会言外之意。

阅读之后让学生做练习。练习的方式要针对细节内容来设计,常用的有判断正误、选择正确答案、回答问题、填空、连线等。比如下面的短文"鸭嘴兽",我们可以设计以下几种形式的练习:

例:鸭嘴兽

　　澳大利亚有一种叫鸭嘴兽的动物。见过它的人,都会觉得它长得太特别了。它身体长40厘米左右,全身的毛又短又软,嘴像鸭子一样。它虽然常常在水里活动,但它不是鱼,因为它是用肺呼吸的,而且血是热的。

　　它平时喜欢在水里生活。在水里的时候,眼睛、耳朵、鼻子都紧紧地闭着。它吃得很多,一天吃的食物和身体的重量一样。它习惯晚上出去活动,白天睡觉。这样的动物在别的地方还从来没发现过呢。

(1) 读后判断正误

　　① 鸭嘴兽是一种奇特的动物。　　　　　　　　　　　(√)

　　② 它的样子像鸭子一样。　　　　　　　　　　　　　(×)

　　③ 它平时喜欢在水里生活,是一种鱼。　　　　　　　(×)

　　④ 鸭嘴兽的饭量很大。　　　　　　　　　　　　　　(×)

　　⑤ 它每天晚上活动,白天睡觉。　　　　　　　　　　(√)

　　⑥ 只有澳大利亚有鸭嘴兽。　　　　　　　　　　　　(√)

(2) 选择正确答案

　　① 问:鸭嘴兽是什么?

　　　　A. 一种普通的动物　　　　B. 一种奇特的动物

　　　　C. 一种不被人喜欢的动物　D. 一种很少人见过的动物

　　② 问:鸭嘴兽是什么样的?

　　　　A. 跟鸭子一样　　　　　　B. 腿很长

　　　　C. 身上的毛很短很少　　　D. 个子有40厘米左右

　　③ 问:鸭嘴兽有什么特点?

　　　　A. 爱睡觉　　　　　　　　B. 游得很快

　　　　C. 吃得很多　　　　　　　D. 用肺呼吸

　　④ 问：这段文章没有告诉我们什么？

　　　　A. 鸭嘴兽的体貌　　　　　B. 鸭嘴兽的爱好

　　　　C. 鸭嘴兽的生活习性　　　D. 鸭嘴兽的寿命

　　⑤ 问：从作者的介绍，我们能看出作者对鸭嘴兽

　　　　A. 非常喜爱　　　　　　　B. 非常厌恶

　　　　C. 感觉疑惑　　　　　　　D. 感觉有意思

（3）读后回答问题

　　① 鸭嘴兽生活在哪个国家？

　　② 鸭嘴兽的名字是怎么得来的？

　　③ 鸭嘴兽是不是鱼？为什么？

　　④ 鸭嘴兽在水里时，它的眼睛、鼻子、耳朵是什么状态的？

　　⑤ 这一段主要从哪几个方面介绍了鸭嘴兽？

　　⑥ 哪位同学见过鸭嘴兽？（问见过的同学）见到它时，你的感觉怎

么样？

参考答案：

　　① 澳大利亚。

　　② 全身的毛又短又软，嘴像鸭子一样，常常在水里活动觅食。

　　③ 不是。它用肺呼吸，而且血是热的。

　　④ 在水里的时候，眼睛、耳朵、鼻子都紧紧地闭着。

　　⑤ 从鸭嘴兽的体貌、爱好和生活习性三方面介绍了鸭嘴兽。

　　⑥ （略）

（4）阅读后，根据文章内容填空

　　① 鸭嘴兽一种非常 特别 的动物。

　　② 它的身长有0.4米，嘴 像鸭子一样。

　　③ 鸭嘴兽每天吃的食物跟它身体的 重量 一样多。

　　④ 鸭嘴兽除了睡觉以外，大部分时间生活 在水里 。

　　⑤ 在别的国家和地区 没有 这样的动物。

（5）阅读后，把下面左右两列相关的信息连接起来

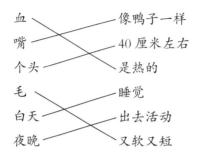

（6）按照内容的关联，把左侧的序号填写在右侧的括号里

a.血　　　　　（ b ）像鸭子一样

b.嘴　　　　　（ c ）40 厘米左右

c.个头　　　　（ a ）是热的

d.毛　　　　　（ e ）睡觉

e.白天　　　　（ f ）出去活动

f.夜晚　　　　（ d ）又软又短

　　判断正误题由于判断的可能性各占 50%，因此对师生双方来说都比较容易操作；多项选择题需要给学生提供不少于 3 项的选择（一般标准化试题都设计为 4 项），除去正确答案以外，其余的几个都是干扰项，有的是判断错误，有的是以偏概全，有的文中并没有涉及，所以设计题干时难度比较大，学生做题的难度也比较大；回答问题的方式从形式上看最简单易行，但是要注意询问的技巧。有人总结了一个"五步提问法"。

　　所谓"五步提问法"，是按照课堂操练的环节和步骤来设计的，它把问题按难易程度分成了以下五个层次：是非问题、引用性问题、选择性问题、归纳性问题、提出观点和看法类问题。是非问题是最容易回答的问题，提出观点和看法类问题是最难的。具体说明如下：

　　1）是非问题的答案就在问句里，学生只需回答是或否即可，如问题③鸭嘴兽是不是鱼？

　　2）引用性问题的答案需要到文中寻找，但比较显而易见。如问题①鸭嘴兽生活在哪个国家？问题④鸭嘴兽在水里时，它的眼睛、鼻子、耳朵是什么状态的？

3）选择性问题的答案由老师给出,通常有三四个,学生须排除干扰,选择其中唯一恰当的答案。不过这种方式跟多项选择题相似,只是将原先需要学生看的题干变成了听的内容。参见第114页(2)选择正确答案。

4）归纳性问题也是思考性问题,答案不是现成的,学生需要从材料中自行归纳、概括和推断。如问题②鸭嘴兽的名字是怎么得来的？问题⑤这一段主要从哪几个方面介绍了鸭嘴兽？

5）提出观点和看法类问题要求学生在通读全文的基础上、把握作者的观点和态度,并针对文章内容提出自己的看法和见解。如问题⑥哪位同学见过鸭嘴兽？见到它时,你的感觉怎么样？

另外,填空题需要学生书写,所以不能设计得很难很长,填写的部分一般为单个的词语或短语,最具概括性和典型意义。连线题一般分为左右两列,左列通常为时间、地点、名称等事物名词,右列是发生的事件、结果、相关解释等。学生将左右两列相关的内容连接起来就行了。也可以在左列各项前加上序号,在右列项目前给出括号,然后让学生按照内容的关联、把序号填写在括号里。参见第116页(5)(6)。

3. 学习语言知识

在精读文章的过程中,教师也要及时、适当地教授一些语言知识,主要是字、词、句、篇章的相关知识。这些知识要糅合到练习中来,通过做练习的方式给学生讲解。比如如何利用造字法和构词法的理论来猜测词义,如何理解一种句式的含义,如何通过掌握语篇的结构和连接方式来理清文章的逻辑关系等。以下我们通过一些练习讲解,详细的内容将在本章第四节中介绍。

(1) 根据造字法或构词法知识猜测词义,挑选与画线部分的意思最接近的解释

① 在防汛期间,要有人出人,有力出力。

A. 大水　　　　　　　B. 地震

C. 干旱　　　　　　　D. 大雪

(“汛”,三点水旁,跟水有关系。)

② 那个小女孩很馋。

    A. 可爱   B. 聪明

    C. 漂亮   D. 爱吃

（"馋"，食字旁，跟饮食有关系。）

③ 王长林水性极好，曾经横渡过长江。

    A. 对水的了解   B. 游泳的技能

    C. 喜爱在水里玩儿   D. 喝的水的质量

（"性"，后缀，表示"具有……性质"，在这儿的意思是游泳技术高超。）

④ 在这方面他还是个新手，请多多帮助。

    A. 大学的新学生   B. 刚开始工作的人

    C. 经验不多的人   D. 年轻人

（"手"，后缀，表示"……人"，在这儿的意思是指刚开始从事某种工作，经验不足的人。）

（2）根据表示强调的句式的用法，判断下列解释是否正确

① 年轻人就喜欢赶时髦。

这句话的意思是年轻人不太喜欢时髦的东西。   （×）

（副词"就"表强调。）

② 对了，这才是个好孩子。

这句话的意思是好孩子都是这个样子的。   （√）

（副词"才"表强调。）

③ 你买的衣服好看什么呀，颜色那么老。

这句话的意思是这件衣服不好看。   （√）

（"形容词＋什么"强调与形容词相反的意义。）

④ 我不是告诉过你了吗？ 怎么还问？

这句话的意思是我忘了是不是告诉过你，所以你又问。   （×）

（句式"不是……吗"强调已知信息。）

⑤ 谁说不想去了？

这句话的意思是我说了我不想去。   （×）

（用疑问代词"谁"构成反问句，强调"没有人……"。）

⑥ 出了这样的事，不能不说是领导的责任。

这句话的意思是,出了这样的事,领导有责任。　　　　　　　（√）

（用双重否定式来强调肯定。）

（3）阅读下列段落,分析它们是用什么方式来组织的

<u>26 日夜间</u>,蒋家沟一带乌云密布。<u>次日凌晨 3 时</u>,狂风呼啸,大雨倾盆。到天亮,大雨逐渐转为细雨。<u>6 时 25 分的时候</u>,雨还在下,从山沟里传出火车轰鸣似的巨响,震撼着山谷。这种怪声就是泥石流爆发的响声。<u>在响声传出之前</u>,往常流水不大的沟槽中,流量很快增大到每秒 3—4 立方。<u>稍过片刻</u>,突然出现断流状态。<u>又过了几分钟</u>,随着响声增大,泥石流就滚滚而出。

（根据画线部分词语可以看出,这段文章是按照事物发展的时间顺序来组织的,这是叙事类文体的一种典型方式。）

<u>读书是人类摄取知识的最大源泉</u>。然而,<u>淫秽书籍的毒害作用也</u>
　　给出情景,明确将要阐述的主题　　　　　　　提出在此情景中可能出
<u>比任何东西都大</u>。所以,我们在阅读之前,首先应该弄清楚手中的书
现的麻烦或问题　　　　　　　描述对此问题可能的反应或解决办法
<u>是否有益</u>。好书不但是良友,而且也教我们做人。
　　陈述对此反应或办法的评价或结果

（根据对画线部分的解释可以看出,这是说明文中常用的解决问题的模式。一般先提出问题,然后给出解决问题的方法。）

（二）查读

当我们浏览时间表、广告、电话号码簿、电视节目表、地图、商店名、站牌、菜谱等各类非叙述性文体时,我们的目的只是查找需要的信息,并不关注语言的形式和文体,但是却有一套搜索的规律。比如查找从北京到上海的列车时刻,我们会先找到开往上海的列车的始发站——北京站的出发时刻表,然后找到北京——上海一栏,浏览各车次的出发时间和到达时间,从中找出最符合自己要求的一趟。这个查找过程是从大到小、不断缩小查找范围来进行的,查找其他信息也都要顺着一定的搜索方向进行。

在开始查读之前,教师最好先给学生提示或介绍一下这些材料的排列方式,如列车时刻表按始发站分列,菜谱以冷菜、热菜、汤、酒水、小

吃来分类排列,电视节目表按不同的频道、时间顺序排列等。主要介绍跟国外惯例不同的地方。当然也可以先让学生查找,然后来总结排列规律。

（1）下面是 4 张票,请学生先看老师给出的问题,然后快速浏览,找出问题的答案。

大华电影院
10 排 1 号
票价：20 元
2006 年 10 月 15 日
19:30

（1）

北京西——→深圳　T107
2006 年 10 月 12 日　20:30 开
11 车厢 24 号下铺
票价：467 元

（2）

自然博物馆
票价：10 元
禁止拍照　下午 4 点停止入场
2006 年 10 月 10 日

（3）

保利剧院
5 排 10 号
票价：30 元
2006 年 10 月 17 日
19:10

（4）

问题：

① 以上四张票你可以在哪儿买到？

② 根据第一张票,这个电影院有 30 排座位,看电影的人坐在哪儿？

③ 第二张票是什么票？ 坐火车的人几点离开火车站？

④ 根据第三张票,下午 4 点半到达博物馆,可以进去参观吗？

⑤ 根据第三张票,参观的人可以拍照吗？

⑥ 根据第四张票,看演出的地点在哪里？

（2）下面是某日世界主要城市的天气预报。让学生先阅读问题,然后快速寻找答案。

城市	4 月 20 日(星期日)
东京	阴有阵雨 7℃—16℃
悉尼	晴间多云 14℃—28℃
罗马	晴 9℃—24℃
纽约	晴转多云 4℃—12℃
巴黎	阴 7℃—18℃
伦敦	小雨 6℃—15℃
莫斯科	多云间晴 2℃—9℃
香港	多云转阴,有小雨 26℃—32℃

根据以上信息填空:

　① 可能下雨的地方是(东京、伦敦、香港)。

　② 最热的地方是(香港)。

　③ 最冷的地方是(莫斯科)。

　④ 最高气温和最低气温相差最大的地方是(罗马)。

　⑤ 大部分地方的天气是(晴天)。

(3) 这是一张某语言学校的招生广告,请学生快速浏览一遍,然后一边查找答案,一边做题。

如果你真想学好英语

罗伯特文化教育公司

会给你好机会!

帮你马上开口

讲英语

为你出国、找工作带来好运气!

教师——全部是美国、加拿大专业英语教师。

教材——全部进口美国英语课本。

班级——小班上课,每班 6—8 人,最多 10 人。

时间——每天早 9:00 至晚 9:00,自选时间段,每次 4 小时。

费用——620 元/期。

　　随时报名,随时开课。欢迎亲自来看一看。

旗舰中心:王府井大街教育文化中心大楼 8 层。

咨询热线:6526.1620/21/22

乘车路线:1 路、4 路、52 路、103 路、104 路王府井站下车即可。

选择正确的答案：

① 这条广告对什么人最有用？

　　A. 要学英语的人　　　　　B. 要结婚的人

　　C. 要退休的人　　　　　　D. 要上中学的人

② 学生在这儿可以做什么？

　　A. 认识新朋友　　　　　　B. 买到很好的课文

　　C. 开口说英语　　　　　　D. 找到工作

③ 在这所学校教书的人可能是哪国人？

　　A. 中国人　　　　　　　　B. 日本人

　　C. 美国人　　　　　　　　D. 英国人

④ 如果这所学校有 60 个学生，最多有几个班？

　　A. 6 个　　　　　　　　　B. 8 个

　　C. 10 个　　　　　　　　　D. 12 个

⑤ 报名时间是什么时候？

　　A. 每天早上 9：00　　　　B. 每天晚上 9：00

　　C. 每天早 9：00 至晚 9：00　D. 任何时候

⑥ 如果想来这儿上课，先做什么？

　　A. 报名　　　　　　　　　B. 买书

　　C. 打电话　　　　　　　　D. 来看一看

三　整理环节

　　在完成基本的阅读任务后，老师可以给学生适当的时间让学生整理一下学习的内容。主要针对需要精读的文章来进行这样的工作。一般有摘抄、做笔记、布置作业这么几种形式。

（一）摘抄

　　让学生把文章中包含重要词语或句式的句子摘抄下来，反复记忆背诵。做到不仅理解，而且能进行一般的运用。如第 112 页例 1"小人书"中的词语"图文并茂""津津有味"。再如第 114 页"鸭嘴兽"中的句式：

　　　　澳大利亚有一种叫鸭嘴兽的动物。

……有一种叫……的……。

这样的动物在别的地方还从来没发现过呢。

这样的……还从来没……呢。

它们的替换性都很强,而且言简意赅,学生应该学会使用。

（二）做笔记

让学生重新整理一下学过的知识,如词汇知识、句法知识等。然后翻翻以前的笔记,把当课的知识点跟以前学过的知识点对比一下,整理归类。如以前介绍过用词缀的方法来猜测词义,当课介绍了用后缀的方法来猜测词义,可以把它们放在一起系统记忆。当课学了一个"往往",可以联想起一个意思跟它接近的词"常常"。或者用类聚的方法来排列和记忆词汇,这样效果更好。

（三）布置作业

设计一些作业让学生笔头完成,如缩写、略写文章内容,总结段落大意,列出文章的提纲(包括论点、论据、评论、事实、例子等),写出文章情节发展的脉络等。这样的练习有助于学生理清头绪、抓住重点。如第113页"苏珊的帽子"一文,可以这样总结:

第一自然段:苏珊是个爱笑的孩子,可是她生了一场大病,头发掉光了,变得不爱笑了。

第二自然段:老师说教孩子们认识帽子,让学生们每人准备一个帽子,戴着上课。

第三自然段:苏珊担心同学们笑话她,不敢进教室。

第四自然段:苏珊的疑虑打消了,她愉快地开始了新的学习。

第五自然段:苏珊跟同学们相处融洽,笑容又回到她的脸上。

总结:老师巧妙地保护了苏珊的自尊心。他是一个细心又有爱心的好老师。

当然,以上方面也可以在教师的指导下进行,把它变成有组织的教学活动的一部分。一般说来,把它布置给学生,让学生独立完成更能体现学生学习的积极性和主动性。

第四节　汉语阅读技能训练的教学方法和技巧

阅读技能训练的目标有两个,一是理解力训练,二是理解速度训练。理解力提高了,理解速度必然加快;但理解速度加快,并不意味着理解力的提高,所以理解力和理解速度要保持一个相互协调的关系,过分强调哪一个都会引起问题,以下训练的技巧也主要围绕这两方面来设计。

一　提高阅读理解力的训练

提高学生的理解力,就是提高学生析字、释词、解句、诂篇的能力。这里要用到几项微技能:联想猜测能力、识别记忆能力、分析解释能力和概括归纳能力。从根本上说,在整个阅读过程中,这些能力是综合起作用的,但在分项训练时,可能某项技能有最适用的范围。一般说来,联想猜测、识别记忆能力最适合于理解生字、生词;分析解释能力最适合于解释句子;概括归纳能力最适合于读懂篇章。以下我们就从字、词、句、篇章的角度分别介绍一些培养学生具备这四种能力的训练技巧。

（一）理解记忆字义的技巧

汉字是表意性文字,很多汉字是有理据可循的。教授一些正字法知识,可以帮助学生猜测和记忆字义或词义。如形声字是由形旁加声旁组成的,形旁又叫义符,可以帮助我们粗略地识记汉字的意义;声旁也叫声符,可以教给我们这个汉字大致的读音。如下表:

形旁/义符	名称	意义	例字	声旁/声符
氵	三点水	和水、液体有关系	汪、沐、汽	王、木、气
讠	言字旁	和说话有关系	记、讽、评	己、风、平
木	木字旁	和树木、棍子有关系	材、柏、枝	才、白、支
月	月字旁	和身体器官有关系	肤、胆、背	夫、旦、北
饣	食字旁	和食物、饮食有关系	饱、饼、饥	包、并、几
贝	贝字旁/贝字底	和金钱、财产有关系	财、贩、贷	才、反、代
火	火字底	和火、烹饪方法有关系	煮、煎、熟	者、前、孰
扌	提手旁	和手、动作有关系	抱、捻、拒	包、念、巨
衤	衣字旁	和衣物、纺织品有关系	褂、裤、袖	卦、库、由
石	石字旁	和石头、建材有关系	砖、碑、矿	专、卑、广

1. 根据字的构形来识记汉字

识记汉字的练习可以这样设计：

(1) 找字

把一些形似的字放在一起，让学生在极短的时间内找出某一个或某两个相同的，以此来训练学生对汉字的敏感。

例1：在20秒内找出两个相同的汉字

　　鼠、马、羊、猪、狈、鸡、狗、兔、猴、熊、猪、狼、鹅

例2：在20秒内找出两个偏旁或部首相同的汉字

　　灯、油、盘、笔、陵、饭、铝、愁、郊、板、话

(2) 辨字形，并填空

有些汉字读音相似或相同，但意义不同，搭配不同，要让学生注意分辨。

例1：戴　代　带

　　① 快下雨了，出门＿＿＿＿＿＿上伞。

　　② 星期天，他常＿＿＿＿＿＿着孩子去公园玩儿。

　　③ 小王今天＿＿＿＿＿＿了一顶红帽子，样子很滑稽。

　　④ 张老师病了，今天我＿＿＿＿＿＿他上课。

例2：己　已

　　① 玛丽＿＿＿＿＿＿经来中国两个月了。

　　② 你是自＿＿＿＿＿＿来的吗？

　　③ 那件事他＿＿＿＿＿＿告诉我了。

例3：木　本　体　休

　　① 只见森林，不见树＿＿＿＿＿＿，是片面的。

　　② 身＿＿＿＿＿＿力行，脚踏实地地做好每一件事。

　　③ 整理好书＿＿＿＿＿＿，要上课了。

　　④ 年纪大了，就该退＿＿＿＿＿＿，这很正常嘛。

2. 根据义符的表意性来猜测字(词)义

(1) 根据句子的描述，猜测可能的词语

训练学生从义符所表示的意义出发，猜测词义。

　　① 一种用石头做的工具，用来压碎小麦、玉米等谷物。

A. 悬崖　　B. 抖动　　C. 淋浴　　**D. 碾子**

② 一种衣服。

A. 依恋　　**B. 夹袄**　　C. 报复　　D. 脾脏

③ 用来给家养的动物吃的东西。

A. 移动　　B. 物体　　**C. 饲料**　　D. 莲蓬

④ 努力、不管一切地去做。

A. 故意　　B. 议论　　**C. 拼搏**　　D. 煎熬

⑤ 买。

A. 恰当　　B. 葫芦　　C. 滑落　　**D. 采购**

⑥ 人的身体和手臂连接处下面的地方。

A. 腋　　B. 避　　C. 眸　　D. 饥

(2) 看句子,选出与句中画线部分意思最接近的词语或解释训练方法同上。

① 松柏在中国文化里代表坚强和勇敢。

A. 一句成语　　　　　**B. 一种树**

C. 一种颜色　　　　　D. 一种鸟

② 他最大的毛病就是太贪财。

A. 喜欢钱　　　　　B. 不认真

C. 懒　　　　　　　　D. 年轻

③ 前面有暗礁,划船要小心。

A. 坏人　　　　　　　B. 警察

C. 水下的大石头　　D. 大雾

④ 羊肉在锅里涮一下就能吃了。

A. 放在热水里晃动　B. 用火烤

C. 用刀切　　　　　　D. 用油炒

⑤ 他拎着一只老母鸡进来了。

A. 跟　　　　　　　　**B. 提**

C. 背　　　　　　　　D. 看

⑥ 他把长袍扔到椅子上。

A. 一种衣服　　　　　B. 一种食品

C. 一根棍子　　　　　D. 一个包

(二) 理解记忆词义的技巧

理解和记忆生词,可以从词语的特点入手。

1. 根据构词法来猜测和理解词义

汉语合成词的存在形态从构词法的角度讲一般分为三种:复合、附加和重叠。复合式里包括 5 类:

(1) 联合式复合词

构成复合词的两个语素,意义相同、相近、相关或相反。如"联合、大小、买卖"等。

(2) 偏正式复合词

构成复合词的两个语素,前一个语素常常用来修饰、说明后一个语素。如"白菜、洪水"等。

(3) 动宾式复合词

构成复合词的两个语素,前一个是动词性的、后一个是名词性的,前面的语素支配后一个语素。如"饮食、做主"等。

(4) 述补式复合词

构成复合词的两个语素,前面的语素是动词,表示一个动作,后面的语素补充说明前面的语素,表示动作的结果。如"看透、打败"等。

(5) 主谓式复合词

构成复合词的两个语素,前面的语素是名词性的,后面的语素是动词性的或形容词性的,用来陈述、说明前面的语素。如"心疼、胆小"等。

附加式词语是由一个实词语素和一个词缀构成的,常见的前缀有"阿、老、第"等,后缀比较多,如"子、儿、员、性、化"等。

重叠式词语是由两个相同的语素相重叠或重叠后与另一个语素结合而成的,如"妈妈、爷爷、刚刚、往往、红彤彤、黑黝黝"等。

了解了构词法知识,能帮助我们理解和记忆词汇。如:

(1) 根据词语的构词特点,将下列词语分为 8 组

组合性　　简化　　老板　　服务员　　筷子

覆盖率　　老师　　第一　　重要性　　前者

绿化　　　营业员　错误率　整体性　　第五

桌子　　　长者　　老鼠　　拼音化　　弱者

① 组合性、整体性、重要性

② 简化、绿化、拼音化

③ 老板、老师、老鼠

④ 服务员、营业员

⑤ 筷子、桌子

⑥ 覆盖率、错误率

⑦ 第一、第五

⑧ 前者、长者

（2）找出与提示词语结构同类的词

　　① 跟"帮助"同类的词是：远近、大小、道路、制造、开关、墙壁

　　② 跟"啤酒"同类的词是：米酒、白酒、酒鬼、酒厂、红酒、老酒

　　③ 跟"堵车"同类的词是：操心、房租、害怕、经商、听写、订婚

　　④ 跟"抓紧"同类的词是：朗读、欢迎、提高、看中、后退、缩短

　　⑤ 跟"地震"同类的词是：眼红、年轻、学习、商店、耳闻、冬至

（3）根据构词法知识，解释下列加点词语的意思

　　① 节假日的时候，全国各地风景区的游人都特别多。

　　② 罗拉不停地奔跑着，希望能找到机会救他的爱人。

　　③ 一场大雪之后，很多蔬菜的价格都上涨了。

　　④ 抽烟喝酒损坏了老王的健康，他终于病倒了。

　　⑤ 对这样的坏人我们决不能手软。

　　⑥ 这些年他挣了不少钱，银行里已经有了几十万元的存款。

　　⑦ 他是个有名的企业家，去年他的工厂为国家创汇两千万美元。

　　⑧ 清粥小菜儿，给发烧的人吃正合适。

2. 学习一些缩略词

汉语中有一些简称，是由一个长的短语紧缩而成的，读来简洁上口，叫

做缩略词。紧缩的方法是截取其中的部分语素或抽取其中的重要语素。如"清华大学——清华"、"北京大学——北大"。学习这样的词汇需要学生能将缩略语还原到原来的短语。

例：连线，将下面的简称与右侧对应的原词语连接起来

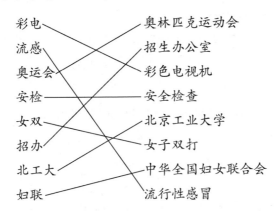

3. 根据上下文、语境、相邻的词来猜测词语的意思

上下文、语境和相邻的词语都可能为我们理解词义提供信息。以下每个句中都有一个画线的词语，题中的四个答案是对这个词语的不同解释。请选择最接近该词语的解释。

例：

① 看问题不能只看局部，不看全体。

    A. 内容   B. 表面

    C. 部分   D. 别人说的

（"局部"与"全体"相对。）

② 慧琳长得很漂亮，可是她妹妹却很寒碜。

    A. 难看   B. 出色

    C. 漂亮   D. 一般

（"寒碜"与"漂亮"相对。）

③ 这事儿得领导拍板，谁说了都不算。

    A. 解释   B. 介绍

    C. 处理   D. 决定

（"谁说了都不算"是对"拍板"的进一步解释。）

④ 这次手术把他一生的积蓄都用完了。

    A. 力气   B. 精力

    C. 金钱   D. 经验

（语境提示：手术需要钱。）

⑤ 操场上每天都有很多学生踢足球、跑步等。

    A. 运动的地方   B. 游玩的地方

    C. 学习的地方   D. 约会的地方

（语境提示："踢足球、跑步的地方"只能是"运动的地方"。）

⑥ 听了儿子的话，老王火冒三丈，把门一摔就走出了家门。

    A. 很着急   B. 很高兴

    C. 很难过   D. 很生气

（"把门一摔"常是生气时的举动，可推测"火冒三丈"的意思。）

⑦ 他们小两口一直没要孩子，过着快乐的两人生活。

    A. 两个小孩子   B. 两个小夫妻

    C. 两个朋友   D. 兄弟两个

（"没要孩子"和"两人生活"可猜测出两人的关系。）

⑧ 许多刚刚出道的新演员靠一部戏就走红了。

    A. 出名   B. 被人知道

    C. 有经验   D. 出问题

（"红"常表示褒义。）

⑨ 人家帮了你这么大的忙，只送两瓶酒，恐怕拿不出手。

    A. 拿不动   B. 不好拿

    C. 太小气   D. 不好意思

（"帮了……大忙"与"只送两……"相对，可推测"拿不出手"的意思。）

⑩ A：在家里你是老几？

    B：老小。

    A：怪不得哥哥姐姐都让着你。

A. 最大的孩子　　　　　B. 最小的孩子

C. 中间的孩子　　　　　D. 没有父母的孩子

（从"哥哥姐姐"可猜出"老小"的意思。）

4. 注意多义词意义的不同

汉语中一词多义的现象很普遍，特别是一些常用词，有很多不同的义项。拿"好"来说，词典中给出的形容词的用法有 14 种，动词的用法有两种。而"打"光是动词的义项就列出 25 种之多。一个词在句中究竟是哪种意思，需要在具体的语境中来判断。

例：根据提示，指出"打"在下列各句中的意思，并将相应的数字填在句后的括号里

打　❶ 器皿、蛋类因撞击而破碎

　　❷ 制造（器物、食品）

　　❸ 舀取

　　❹ 做某种游戏

　　❺ 发射、放出

　　❻ 殴打、攻击

　　❼ 编织

　　❽ 表示身体上的某些动作

① 气极了的父亲伸出手来，打了孩子一巴掌。　　　　　（❻）

② 我刚从水房打了两壶开水回来，你拿走一壶吧。　　　（❸）

③ 王师傅打的家具在那一带小有名气。　　　　　　　　（❷）

④ 这个花瓶是谁打的？ 说实话妈妈不批评你。　　　　　（❶）

⑤ 结婚以前，新娘子给新郎打了一件漂亮的毛衣。　　　（❼）

⑥ 明天我再给你打电话。　　　　　　　　　　　　　　（❺）

⑦ 打了一上午的游戏，真累。　　　　　　　　　　　　（❹）

⑧ 老王打了个哈欠，伸了个懒腰，就上楼去了。　　　　（❽）

5. 注意词语的词性

一词多义有时候与词性不同有关。我们可以根据句法知识、语义知识等来分析、判断一个词的词性，然后确认它的词义。

例：判断下列加点词的意思跟哪个选择项中词的意思一样

① 这一切都让来自贫困山区的孩子感受到了从未感到的温暖。

　　A. 多么温暖的话语，孩子的心一下子热乎了。

　　B. 老师的话像春风一样温暖了我的心。

　　C. 大家的爱和温暖，给了他继续生活下去的勇气。

② 他那人嘴巴特别油，他的话你可不能全信。

　　A. 中国菜很好吃，就是有时候油放得太多。

　　B. 烤鸭太油了，少吃点。

　　C. 生意做久了，老实人也变油了。

③ 我也是没办法才这么做的，请你千万别怪我。

　　A. 他从来都是第一个到，今天到现在也没来，真怪。

　　B. 大家都怪小李不该把这件事告诉经理。

　　C. 这么好的东西，扔了怪可惜的。

④ 小心玫瑰花上的刺，别扎了手。

　　A. 她说的话句句带刺，真让人受不了。

　　B. 歹徒拿着刀，一下子刺中了老人的心脏。

　　C. 鱼刺卡在嗓子里了。

⑤ 生活在大自然里的生物遵循着适者生存的原则。

　　A. 温室效应是人类破坏自然所受到的惩罚。

　　B. 她的汉语说得流利、自然。

　　C. 你对别人好，别人自然对你好。

⑥ 中国的经济正在迅猛地向前发展。

　　A. 他是学经济的，可以帮助我们。

　　B. 跑一趟办三件事，多经济。

　　C. 老李家的经济比较宽裕，经常下馆子。

⑦ 她小心地把钱包好，放在了衣柜的抽屉里。

　　A. 她还有一大包东西放在我那儿呢。

　　B. 礼物包得真漂亮。

C. 腿上被蚊子咬了个大包。

(三) 理解句义的技巧

理解句子的困难无非有二,一是句子太长,抓不住中心意思;二是句子太难,看不懂。句子长、句子难都有其原因,要对症下药,才能解决问题。

1. 压缩长句

句子长,是因为句子的修饰成分多,学生抓不住主干。所以,要理解长句,就要先把长句变短,除去修饰成分,只保留核心成分(主、谓、宾)。压缩句子以后,句子的意思就一目了然了。

例:在保证句子意思完整的情况下,压缩长句

① 这是上星期我特意从王府井给你买来的生日礼物。

(这是礼物。)

② 导游是一个大眼睛、长头发、身材修长、嗓音甜美的北京姑娘。

(导游是个姑娘。)

以上为去除画线部分的长定语。

③ 喝多了酒。老李一步三摇、跟跟跄跄、嘴里哼着小曲走进了家。

(老李走进了家。)

④ 为了能考上一个好大学好专业,让辛辛苦苦养育自己的爸爸妈妈高兴,杨刚这几个月白天黑夜都在拼命地复习功课。

(杨刚复习功课。)

以上为去除画线部分的长状语。

⑤ 搬完最后一块石头,他累得趴在地上呼哧呼哧地喘气、半天说不出一句话来。

(搬完最后一块石头,他累了。)

⑥ 小狗疼得嗷嗷直叫、三步并作两步就跑得不见了影。

(小狗疼。)

以上为去除画线部分的长补语。

⑦ 听到这个不幸的消息,他心里充满了悲伤、沮丧和失望。

⑧ 世界的超大城市,像纽约、伦敦、东京、香港、上海等,无一例外地都遇到过交通堵塞难题。

⑨ 常言说得好：一场秋雨一场寒。一天一夜的秋雨之后，走出家门的人们陡然觉得寒气扑面而来。

以上可删除掉的画线部分，常为无关紧要的其他成分，如并列近义词语、列举性短语和插入语、引语等，删除后不影响句子意思的完整。

2. 理解难句

汉语中的特殊表达方式，如强调句式、反问句式、紧缩句、"把"字句、各类补语等常常是理解的难点。拿反问句来说，它是汉语中常用的一种加强语气、突出言外之意的用法，由于它的字面意义与实际意义相反，对学生来说很难理解和体会。在进行难句训练时，就要多加强训练。下面列出一些反问句的常见形式。

例：根据句子意思，选择正确答案

① 你不是刚领了工资吗？ 怎么还问我借钱？

说话人的意思是什么？

A. 你有钱，别向我借钱　　B. 你有钱，你可以还给我钱

C. 你没钱，我借给你钱　　D. 你没钱，你也不能向我借钱

② A：听说小王的新家很好。

B：好什么呀。卧室那么小，厅里空空荡荡，厨房还是一长溜。最可气的是楼下就是个菜市场。

小王的新家怎么样？

A. 很好　　　　　　　　B. 非常好

C. 不太好　　　　　　　D. 很不好

③ 妹妹什么时候碰过这样的钉子？ 听完这话，立马就立在那儿，说不出话了。

妹妹为什么不说话了？

A. 她受伤了　　　　　　B. 她被打了

C. 她被拒绝了　　　　　D. 她不知道什么时候病了

④ 这有什么好吃的。不就是一张饼，卷点儿肉，放点儿菜吗？

说话人认为这个东西好吃吗？

A. 马马虎虎　　　　　　B. 很好吃

C. 不知道好吃不好吃　　　D. 不好吃

⑤ 为了这点小事就发脾气,摔家具,几天不吃饭,何必呢?

说话人的意思是什么?

A. 没有必要这样做　　　　B. 应该这样做

C. 不明白因为什么事情摔家具　D. 这件事太小了,不用做

⑥ 有你这么说话的吗? 也不看看对象。

关于"你",我们可以知道什么?

A. 他没说话　　　　　　B. 他说话了,但是不知道对谁说的

C. 他说话的时候没睁开眼睛　D. 他对人说了不合适的话

⑦ 她到现在也没给我打电话,难道真生气了?

说话人的心理是什么样的?

A. 生气　　　　　　　　B. 怀疑

C. 难过　　　　　　　　D. 焦急

⑧ 这样的事连领导都无能为力,何况是你?

关于"你",我们可以知道什么?

A. 他是领导　　　　　　B. 他想当领导

C. 他能做好这件事　　　　D. 他做不好这件事

⑨ 笑什么笑!

这句话的意思是什么?

A. 别笑!　　　　　　　B. 为什么笑?

C. 你笑吧!　　　　　　D. 你笑什么?

⑩ 不问你问谁?

这句话的意思是什么?

A. 不应该问你　　　　　B. 应该问你

C. 应该问谁?　　　　　D. 问你还是问别人?

　　汉语的一些习语、惯用语、歇后语等,由于蕴涵了丰富的文化内涵,字面意义常转化为深层的理性意义,理解起来也很难。在训练时我们可以帮助学生从上下文或语境中来猜测它们的意思。

例：阅读句子，然后判断下列解释是否正确

① 你家老王真<u>爱面子</u>，有错从来不承认。

这句话的意思是老王很关心自己的健康。　　　　　　（×）

② 我们单位的<u>半边天</u>可厉害了，干活比男人还快呢。

"半边天"指的是女人。　　　　　　　　　　　　　　（√）

③ 他被老板<u>炒了鱿鱼</u>，在家休息呢。

这句话的意思是他病了，老板请他吃鱿鱼。　　　　　（×）

④ 张工程师在总经理面前批评了马经理，随后就被马经理<u>穿了小鞋</u>。

这句话的意思是马经理为难了张工程师。　　　　　　（√）

⑤ 事都这样了，你别<u>马后炮</u>了。说什么也来不及了。

这句话的意思是你说的话晚了。　　　　　　　　　　（√）

⑥ 事还没开始干，先给你<u>泼冷水</u>，真让人寒心。

这句话的意思是干事以前，着凉感冒了。　　　　　　（×）

⑦ 领导只待半天，就这样<u>走走过场</u>，解决不了实际问题。

这句话的意思是领导只是做做样子，不是真来解决问题的。（√）

（四）理解篇章的技巧

语篇是社会文化生活在人脑中格式化的产物，其中各部分是有机衔接起来的，并保持语义表达的连贯性和逻辑性。理解篇章就是从宏观上把握文章的主旨大意，形成完整概念，忽略细节。教师在对学生进行语篇训练的时候，可以从分析语篇的特点出发，培养学生概括、归纳的能力。在阅读过程中鼓励学生一气呵成，不轻易中断。训练时可从这几个方面入手。

1. 抓词汇链

一个特定的语篇总是围绕着一个特定的话题来展开的，使用的词汇多是相关联的，如谈论交通的话题，最有可能出现的词汇有"堵车、路口、汽车、自行车、警察、高峰时间"等，在语篇中它们形成一个词汇链。抓住这个词汇链能帮助我们理解文章的大意。如下文，围绕着"温泉能治病"这个论题，给出了一系列的相关词汇：

例：阅读下文，画出跟文章大意有关联的词语

中国古代就有<u>温泉能治病</u>的传说。近代人们认识到，温泉能治病，

除了温度以外,更主要的是泉水中含有<u>药</u>的成分。有的温泉还同时含有几种不同的物质成分。<u>盐泉</u>对<u>神经病</u>等有用;喝的话,对<u>肠胃</u>有很好的作用,因此又称"<u>肠胃汤</u>"。在苏打泉里<u>洗澡</u>的话,对<u>皮肤病</u>等有很好的作用;喝的话,对<u>肝脏</u>也很有好处,又被称为"<u>肝脏汤</u>"。每年大约有一亿人次洗过<u>温泉澡</u>。

2. 找关联词

关联词语能表达因果、转折、让步、假设、条件等多种语义关系,是表达语篇逻辑性的重要手段之一。找到了关联词,就能帮助我们正确理解语句的语义关系。我们可以把语篇划分成不同的层次(用双斜线表示),通过分析不同层次间的逻辑关系来理清文章的头绪。

例:下文中第一层次里包含一个转折复句,第二层次里包含了一个因果复句和一个转折复句。第一层次和第二层次之间又暗含了一个因果关系。

美国每年因吸毒而丧生的人数约为 2 万,<u>　然而　</u>却有 40 万人
　　　　　　　　　　　　　　　　　　　　　转折

死于吸烟,9 万人因酒精中毒而送命。// <u>　由于　</u>吸烟与饮酒致死的
　　　　　　　　　　　　　　　　　　　　因果

现象十分普遍,<u>　虽然　</u>因此而死亡的人数大大超过吸毒致死的人,

<u>　但　</u>却较少有人关注。
　转折

通过关联词语来训练的方法有:

(1) 填出关联词

例:根据上下文之间的语义关系,填出适当的关联词语

多年来,人类一直以为肥胖是危险的,<u>　然而　</u>事实并非如此。除非血压太高,<u>　否则　</u>肥胖毫无危险。要想延年益寿,最好使自己的体重比现在所谓的理想体重略重一些,<u>　因为　</u>太瘦也有很多危险。

最近又出现了新型的啤酒。这种啤酒<u>　既　</u>有生啤的营养,<u>　又　</u>能放上一段时间。这是<u>　由于　</u>在生产的过程中用了特别的制作方法。所以,<u>　虽然　</u>没有经过高温加工,却一样可以在 5℃—25℃

的天气条件下放上90天。

(2) 选择关联词

例:根据上下文之间的语义关系,在下面的四个答案中选择恰当的答案

① 如今村里的人家都装上了太阳能热水器,＿＿＿＿＿＿不是阴天,家中不用烧火＿＿＿＿＿＿总有热水用。

　　A. 虽然……但是……　　　　B. 不管……都……

　　C. 与其……不如……　　　　D. 只要……就……

　　② ＿＿＿＿＿＿这些方案还不完善,我们现在暂时＿＿＿＿＿＿不要放弃它,要耐心等待最后的结果。

　　A. 因为……所以……　　　　B. 虽然……但是……

　　C. 即使……也……　　　　　D. 不但……而且……

　　③ 良好的生存环境＿＿＿＿＿＿是生活质量的保证,＿＿＿＿＿＿是社会文明程度的体现。

　　A. 不但……而且……　　　　B. 如果……就……

　　C. 既然……就……　　　　　D. 因为……所以……

　　④ 很多人都以为,喝浓茶可以解酒,却不知醉酒喝浓茶,不但不能解酒,＿＿＿＿＿＿会引起相反效果。

　　A. 可是　　　　　　　　　　B. 因而

　　C. 然而　　　　　　　　　　D. 反而

(3) 预测可能出现的内容

利用关联词语的联结作用,预测可能出现的内容。空缺部分可能是句子,也可能是语段,学生阅读后来填写补充。写出来的句子只要跟上下文逻辑关系正确就行,具体的内容可以合理想象。

例:

　　龙卷风的路线不能预测,有时能破坏整条街,旁边的街却没有问题。碰到较小的龙卷风,＿＿表示条件的语句＿＿就可保护房顶不被破坏。但遇上厉害的龙卷风,所有的准备工作都没有用。

　　我丈夫是造船厂的工人,我是纺织厂的工人。按理,我俩是"门当户对",应该有福同享,有难同当。＿＿表示转折的语段＿＿。

3. 通过词汇衔接手段来理解文章各部分之间的关系

除了关联词的连接作用外,语篇中也使用其他词汇手段来衔接句与句、段与段之间的关系。如表示层次的词语"首先、其次、再次、最后;第一、第二……"等,把并列的几个段落统一了起来;用"这就是说、也就是说、换句话说、就好像"等表示重述的词语,换了个角度,将有关论述重新解释了一遍,或加以补充;而见到"总之、总而言之、总起来说、综上所述、一言以蔽之"这样的字眼,我们知道,其后一定是对段落内容作归纳总结的句子。再如:

表示举例的:例如、比如、比方说、举例如下、举一个例子;

表示指定范围的:在这方面、关于这一点、一方面、另一方面、与此相反、与之不同的是;

表示概约的:一般说来、通常的情况下、按照惯例、大体上、没有例外等。

掌握了这些形式标记,并善加利用,能帮助我们快速预测和理解,起到事半功倍的作用。练习的方式可以有以下几种:

(1) 画出文章中表示重述的句子

例:让学生阅读一篇文章,然后画出表示重述的句子(也可以是其他规定的句子)

啤酒是人们喜爱的饮料,也可以说是世界历史最长的饮料之一。早在公元前四千多年前,苏美尔人就把制造啤酒的经过刻在了石头上。所以,啤酒最早是在中东发明的,到现在已经有六千年的历史了。

(2) 填空

例:把文章中表达衔接的词语的位置空出来,让学生阅读后填出

你去过新疆吗? 新疆可是个好地方。好玩儿的地方很多,吐鲁番啊、哈密啊、喀什啊、天山啊,这些地方你一定要去。我保证你一辈子都忘不了这次旅行。你最好八月份去,那可是新疆的黄金季节。 <u>一来呢/第一/首先</u> ,天气不冷不热,比较舒服; <u>二来呢/第二/其次</u> ,正是收获季节,可以大饱口福。你知道吗,新疆可是生产瓜果的地方,什么葡萄、西瓜、哈密瓜、苹果,样样都好吃得不得了; <u>三来呢/第三/另外</u> ,这个时候风景最好。

4. 分析篇章结构

语篇中最常见的有叙事类和论说类文章。叙述类包括故事、小说、游记、新闻报道等;论说类主要指议论文和说明文,它们都有一套相对固定的篇章表达格式。分析文章的篇章结构,可以帮助我们了解作者的写作思路和意图,更快地把握文章的内容,加快理解的速度。

叙事类文章一般都有背景、开头、发展和结局,有时间、地点、人物等,它们通常按照情节的发展来讲述故事。如第 119 页(3)所举的例子是时间型模式,也有按照空间位置的转换来安排的,叫做空间型模式。

例:

　　我的眼前,一片镶着露珠的绿茵茵的草滩,草滩上长着一垄垄黄灿灿的油菜花,在这绿色和黄色的背后,又衔接着一派无边无际的蓝色的湖水。

论说类的文章一般有这么几种模式:

(1) 问题——解决式

如第 119 页(3)举的例子。它一般按照这样的方式展开:情景——问题——反应——评价/结果。

(2) 主张——反主张式

先提出某种似乎很有道理的主张,之后进行反驳,并进一步提出自己相反的主张。

例:

　　有人说"女青年事业心强了不好",这是真的吗? 现在的小伙子认为选女记者、女大学毕业生做妻子不合适,因为她们工作忙,不管家里的事,她们不可能成为好妻子。我觉得这是不对的,实际上我们并不都是这样。

(3) 提问——回答式

在语篇的开头设置一个问题,然后说出问题的答案。它与"问题——解决式"非常相似,只是开宗明义,以提问的方式来引导下文。

例:

　　上海市某地区对城市老人的情况作了一次调查。

退休以后老人们在做什么呢？他们有的愿意做社会工作，为大家服务，如维持交通秩序，当小学的课外辅导员等；有的喜欢在家养花养鸟；有的爱画画儿、练习书法。有不少人早晨到公园去散步或者打太极拳；还有一些男性老人去茶馆喝茶。

（4）概括——具体式

分为三部分，即概括陈述、具体陈述和总结陈述。使用演绎的方法来论述时，在概括陈述里往往包含了主题句，结尾时再予以重申。使用归纳法来论述的文章正好与之相反，主题句往往在结尾处。它一般按照这样的方式展开：主题→例证 1→例证 2→例证 3→结尾。

例：

世界上也许再没有一个国家像中国这样拥有如此多的烟民。

重庆。1987 年 2 月，一辆待发的公共汽车上，63 名乘客，吸烟者 53 人，吸烟率 84%。

北京。医科大学一位教授作过一次调查，调查对象是 3215 位 16 至 68 岁的北京各界市民。结果男性吸烟率 98.3%，女性 2.2%。

上海。一所中学高二年级一个班的自我统计，吸烟男生占 70%。

权威性的数字来自卫生部。卫生部所属的"中国健康教育研究所"对上海、杭州、沈阳、西安、长沙、石家庄六个城市的吸烟情况作了一次调查。结果表明，男性吸烟率为 64%，女性接近 7%。中国有 11 亿人口，按这样的百分比，中国至少有 4 亿烟民。这差不多相当于欧洲人口的总和。

需要说明的是，以上篇章结构只是具有代表性的几种，其中的某一部分可能缺省，不同的模式间也可能有交叉。

利用语篇结构知识来进行阅读训练，可以先作适当的分析和讲解，然后配以恰当的练习。练习的方式可以作如下设计：

（1）寻找主题句

主题句是概括理解文章主旨的最佳途径。主题句往往位于文章的开头或结尾，有时是一句话，有时是三两句话。文章开门见山亮出自己的观点或态度，为下面展开论述提供了天地。位于结尾的主题句往往是对具体论述

的概括总结。也有一些文章的主题句处于文章的中部，不过这种情况较少。我们试举两例。（画线部分为主题句）

例1：

　　台湾岛的蝴蝶很多，据说光是蝴蝶谷每年就能繁殖 2000 万只蝴蝶呢。台湾岛的蝴蝶不仅数量多，而且品种全。据统计，大约有 4000 多个不同的品种。主要有：大红纹凤蝶、蛇头蝶、红边小灰蝶、皇娥阴阳蝶、黄裙凤蝶等。蛇头蝶的翅膀上端长着像蛇头一样的图案，它双翅展开，足有脸盆那么大，是世界上最大的一种蝴蝶。皇娥阴阳蝶的翅膀既不是左右对称，而且大小也不相同。更奇特的是：它的左翅膀为雌性，右翅膀为雄性。据说这种蝴蝶在 1 万只当中才能找到一个，是极为少见的珍品。黄裙凤蝶是凤蝶中最美丽的一种。它的后翅有金黄色大花纹，在阳光下呈现出珍珠般灿烂夺目的光彩。

例2：

　　在我家隔壁，住着一对夫妇。丈夫是一个中学教师，高高瘦瘦的足有 1 米 80；妻子没有文化，又矮又胖，身高只有 1 米 52，体重却有 170 多斤。我们周围的许多人都不明白，像他们这两个人，为什么能够结合在一起？一般来说，这样两个不一样的人是很难结合在一起的，然而他们不但结合了，而且还恩恩爱爱地走过了近 60 个春秋。

　　在一次聊天时我问老人："你们俩不管是胖瘦、身高还是文化程度都很悬殊，你们为什么能结合在一起，并且还恩恩爱爱地走过了这么多年？"老人笑了笑对我说："其实很简单，因为爱。她爱我，我也爱她。在爱情面前，体重不是压力，身高也不是距离，学历更不是问题。有很多时候，爱是不需要理由的。"

还有的文章自始至终没有提出明确的主题句，需要读者自己归纳总结。

（2）给段落加上小标题

给每个段落加上一个小标题，可以更好地理清文章的头绪，把握文章的脉络。将这些小标题串联起来，加以补充，还可以形成文章的中心思想。我们以前文举过的例子来说明。

例：苏珊的帽子

苏珊的头发

苏珊是个爱笑的孩子。可是,当她念一年级的时候,她突然病了,而且在医院住了三个月。回到家的时候,她显得更小了,也不如以前那样爱笑了,原来美丽的头发,现在都快掉完了。这个样子怎么去学校上课呢?

老师的建议

在苏珊回校上课前,苏珊班上的老师对同学们这样说:"从下个星期一开始,我们要学习认识各种帽子。所有的同学要戴着自己最喜欢的帽子到学校来,越特别越好!"

苏珊的担忧

星期一到了,离开学校三个月的苏珊第一次回到了她的教室。但是,她站在教室门口一直没进去,因为她戴着帽子。

苏珊的笑声

但她走进教室的时候,她看到她的每一个同学都戴着帽子。和他们的帽子比,她的帽子显得那样一般,没有什么让她觉得特别的。她笑了,笑得那样美。

日子就这样一天天过去了。现在,苏珊常常忘了自己还戴着帽子。同学们呢,好像也忘了。

(3) 根据文章内容,在设计好的方框内填上适当的句子

根据对文章的理解和篇章结构知识,让学生补足缺省的部分。容易的可让学生直接填出,难一些的可提供备选答案。

例1:

> 这一直是个让人头疼的问题。以前,一般送床单、被罩,后来又变成了"新三件""新新三件"。但现在的新人家这些东西都有了,再送就多余了。直接送钱吧,双方都觉得有些不好意思;送其他纪念品吧,往往又占地方又不实用。
>
> A. 朋友结婚,送不送礼?

B. 朋友结婚,送礼送什么?

C. 朋友结婚,送多少钱的礼?

D. 朋友结婚,什么时候去送礼?

例2:

　　阅读是怎么一回事? 是吸收。好像每天吃饭吸收营养一样,阅读就是吸收精神上的营养。写作是怎么一回事? 是表达。把脑子里的东西拿出来,让人家知道,或者用嘴说,或者用笔写。阅读和写作,吸收和表达,一个是进,从外到内;一个是出,从内到外。这两件事无论做什么工作都是经常需要的。这两件事没有学好,不仅影响个人,还会影响社会。 _____

A. 原因是不会阅读和写作。

B. 因此阅读很重要。

C. 所以阅读对写作是有影响的。

D. 说语文学习很重要,原因就在这里。

(4)按顺序把句子整理好,并把序号填在括号里

把一个段落的句子打乱以后给学生阅读,然后让学生重新排序,使文章逻辑清晰。

例:

(　7　)小偷被抓住了。

(　3　)她就动脑筋发明了自动报警器。

(　6　)一脚绊在报警器的绳子上,报警器响了。

(　1　)上海小学生谭家慧是学校科技组的成员。

(　5　)当天夜里有个小偷又来偷兔子。

(　2　)有一回,她听说农民养的长毛兔常被偷走。

(　4　)她把报警器借给一个农民使用。

(5)请把下列的段落按照一定的顺序排列好,并把序号填在括号里

把一篇文章的几个段落打乱后给学生阅读,然后让学生按照故事情节发展的顺序或论述的层次整理好。

例：

（　3　）汤姆失踪以后,布洛克太太一家非常难过。7 个月后,它突然出现在家门口,使全家人喜出望外。

（　5　）布洛克太太把猫儿送到兽医院检查,发现它在这 7 个月中受了很多苦。汤姆不但比以前瘦了几斤,而且毛色也比以前脏,还有好几处伤。

（　1　）布洛克太太对自己的猫儿汤姆能从千里之外回来,感到非常意外。猫儿在离家 1243 公里的地方失踪了,7 个月以后,它意外地回到了家里。

（　4　）原来,这只猫到达度假的地方以后,非常不安,那天晚上就开始回它的老家。虽然路非常远,但是,猫儿凭着天生的本领成功地回到了自己的家。

（　2　）7 个月以前,布洛克太太第一次带着猫儿出远门,到离密歇根州 1243 公里的阿肯色州度假。到达度假的地方以后,才发现汤姆不适应新环境,非常不安。汤姆是布洛克太太从小养大的,没想到那天晚上它悄悄离开了她。

(6) 完形填空

完形填空是阅读测试中很常见的一种形式。由于它不仅考查字、词、句的理解,更考查学生通篇把握和理解文章大意的能力,因而更体现阅读理解的特点。所选的篇章除第一句和最后一句保持完整外,中间每隔一些词删掉一个词,学生细读全文后,恢复删掉的词语。选择填空比让学生自己补出恰当的词语略容易些。由于它属于一种综合性练习,我们把它放在篇章这一部分中列出。

例：

电子邮件的出现使人的交往发生了革命性的变化,＿＿＿①＿＿＿与国外的朋友联系也感觉像是近在咫尺,而且可以跨越语言障碍。比如,一个不会说日语的英国人可以＿＿＿②＿＿＿一个不会英语的日本人发电子邮件,这个日本人可以借助电脑里的翻译程序很容易地读＿＿＿③＿＿＿。专家预言,今年英国家庭电子邮件的拥有率是 20%,＿＿＿④＿＿＿电视因特网的出现,在今后 20 年里,电子邮件的拥有率将达到 90%。

①   A. 即将   **B. 即使**   C. 既然   D. 显然

②   A. 让   B. 叫   C. 被   **D. 给**

③   A. 到   B. 上   **C. 懂**   D. 完

④   **A. 随着**   B. 跟着   C. 接着   D. 趁着

二 提高阅读速度的训练

阅读速度是阅读能力指标中很重要的一项,训练和提高学生的阅读速度也是阅读技能训练的一项重要内容。除了在阅读过程中规定一定的阅读时间、加强学生快速阅读训练外,使学生具有良好的阅读习惯、多进行有针对性的阅读技巧训练、积累丰富的语言背景知识和社会文化知识也是必要的手段。

(一) 帮助学生建立良好的阅读习惯

培养学生具有良好的阅读习惯,就要纠正一些不正确的阅读习惯。有些学生还没有摆脱声读的做法,阅读时习惯于出声,声带、喉部、口腔一运动,就会影响速度。甚至有的学生喜欢指读,或者一边阅读一边用铅笔在纸上画,这些都是不可取的方法。任何材料都逐字逐句地读也是不必要的,阅读的时候应该一气呵成、连贯地读,遇到障碍不能回视,不能反复(细读时除外),不懂的地方可以在读第二遍时重点关注。生僻词语可借助一些方法猜出词义的词语尽量不查词典。

(二) 对学生多进行快速阅读技巧训练

在阅读过程中,教师要把一些重要的快速阅读技巧带到训练中去,不断地练习。

1. 扩大阅读单位训练

扩大阅读单位就是尽量使眼睛停留的幅度宽一些、长一些。实验证明,在通常的阅读情况下,一次眼停所形成的影像的幅宽大概为 20 个字母,相当于 3 个词的长度。由于方块字和线性文字排列的形式不同,我们大概可以估算为 7 个汉字左右。所以训练学生的阅读速度,首先就要帮助他们克服逐字阅读的毛病,扩大阅读视幅。

（1）划分意群

把句子划分成一个个的意群，然后一组一组地阅读，是提高阅读速度的好方法。它还能避免使理解到的意义支离破碎，如下句：

应该说在城市比较容易做到一对夫妇只生一个孩子。

可切分成：

应该说//在城市//比较容易做到//一对夫妇//只生一个孩子。

应该说在城市//比较容易做到//一对夫妇只生一个孩子。

第二种切分法语义明确，字数得当，更符合阅读的规律。训练时首先我们让学生自己来切分句子。没经过训练的学生一般不善于把握停顿的位置，遇到长难句和生僻的词语更不容易操作，所以刚开始时，我们可以让他们把句子切分得短一些，然后逐渐加长。最后给学生提供一些已经切分好了的句子，让学生快速阅读。分割的符号可以用单斜线、双斜线和空格等方法。

例：把下列单句或段落划分成一个个的意群

① 扎着/两根/朝天辫/，穿着/花棉袄/的/小红/蹦蹦跳跳/地/跑进了/家门。

扎着两根朝天辫/，穿着花棉袄的小红/蹦蹦跳跳地/跑进了家门。

② 交际者//的//关系//往往会//反映在//他们之间//的//距离上。

交际者的关系//往往会反映在//他们之间的距离上。

③ 正在深圳　视察工作　的　中央领导　听取了　深圳市　主要领导　的　汇报。

正在深圳视察工作的　中央领导　听取了　深圳市主要领导的汇报。

（2）扩大视幅训练

让学生按照意群来阅读，同时规定好时间。所给的材料可以有下面几种排列方式：

① 线性式，如上文所举。

② 开窗口式，将一张硬纸片，裁出一个长方形的孔，大小为正好露出一

个意群为宜,覆盖在材料上,由上至下逐行移动进行阅读。

③ 叠宝塔式,把一个句子或一段文字印成宝塔形,一行一个意群,学生一眼看一行。

如果技术条件允许,用投影或电脑的方式,依次闪现需阅读的材料,效果更好。

例:快速阅读,然后根据问题选择正确答案

① 应该说在城市//比较容易做到//一对夫妇只生一个孩子,在农村//就不好说了。

问:一对夫妇只生一个孩子,容易做到吗?

A. 在城市容易做到　　　　B. 在农村容易做到

C. 在城市不太容易做到　　D. 在农村不太容易做到

② 在乡村

在城市

在工厂矿山

在边关哨卡

到处都活跃着一群

快乐而年轻的共青团员

问:这段话介绍了什么?

A. 地方　　　　　　　　B. 人物

C. 年纪　　　　　　　　D. 职业

③ 最好的邻居

不是那些

总主动来关心你

并提供帮助的人,

而是那些

平时决不过问你的事,

只在你求援时

才热心帮助你的人。

问:这段话告诉我们什么?

A. 什么样的人是好邻居　　B. 邻居要主动关心别人

C. 邻居不能过问别人的事　　D. 帮助别人的人是好邻居

④ 我和老伴

这次骑车旅行

一共有三个目的

一是锻炼一下身体

二是看看祖国的名山大川

三是看看这几年来祖国的变化

问：下面哪一条不是老人们的目的？

A. 锻炼　　B. 旅游

C. 访友　　D. 参观

⑤ 吴君的话

使我想到，

现在一些年轻的父母

对自己的孩子倍加宠爱，

要什么给什么，

给他们买的玩具越来越高档化，

普通的玩具已经不屑一顾。

问：这段话的意思是什么？

A. 父母常给孩子买玩具　　B. 孩子们喜欢高档的玩具

C. 年轻的父母常溺爱孩子　　D. 吴君有孩子

2. 猜测词义训练

阅读材料中含有一些不熟悉或不认识的生字词是很正常的，即使是阅读母语文字，也会经常遇到词语障碍。阅读过程之所以不会因此而停止，是因为凭着语文能力和上下文语境，读者会合理猜测和想象词义，从而填补上语义的空缺。无论是阅读母语还是外语，猜测词义的能力都是必要的。当然猜测出的词义有可能不够准确，但是只要能保证阅读正常进行就足够了。阅读活动结束后，学生可以查查词典，来印证或纠正自己的猜测。在本章第四节（第124—132页）我们介绍了一些汉字词方面的训练，它们都可以作为猜测词义的凭据,在此我们不多赘言。

3. 跳跃障碍训练

即使运用了各种策略,仍然猜不出词义,也不用着急。语言材料中并不是每一个字词都含有相同的信息量,往往关键词、核心词含有的信息量最多,因而是最重要的。如果一个生僻词汇并不影响我们理解,大可忽略不计,跳跃过去。因此,在阅读中,跳跃障碍的能力也是很重要的。

实际上,完全不可理解的词语是很少的(除了一些专业词汇),大部分词语的意思我们可以借助各种分析手段来获得,所以猜测词义的策略在跳跃障碍时也是常用到的。借助语法手段来理解词义也是很有用的一种方法。以我们前文举过的例子来说明:

> 澳大利亚有一种叫鸭嘴兽的动物。见过它的人,都会觉得它长得太特别了。它身体长 40 厘米左右,全身的毛又短又软,嘴像鸭子一样。它虽然常常在水里活动,但它不是鱼,因为它是用肺呼吸的,而且血是热的。
>
> 它平时喜欢在水里生活。在水里的时候,眼睛、耳朵、鼻子都紧紧地闭着。它吃得很多,一天吃的食物和身体的重量一样。它习惯晚上出去活动,白天睡觉。这样的动物在别的地方还从来没发现过呢。

试解释下列加点词的意思:

澳大利亚、鸭嘴兽、肺、鼻子

澳大利亚:根据"某处有某物"的句型我们可以知道,"澳大利亚"一定是一个表示处所的名词。具体指哪个地方,无关紧要。如果学生的大脑中有关于鸭嘴兽的知识,碰巧也知道鸭嘴兽这个词,就可以猜出澳大利亚是哪个国家。

鸭嘴兽:从构词法方面我们可以知道,这个词表示"长着鸭嘴一样的兽";从句子"……的动物"里也可以知道它是一种动物,究竟是什么动物,下文会给我们详细介绍,暂时不知道也没有关系。

肺:即使我们不知道"肺"这个词,也不会影响我们的理解。因为从句子"它虽然常常在水里活动,但它不是鱼,因为它是用(　　)呼吸的"中我们可以了解到,既然这种动物能在水中生活,却又不是鱼,它一定具有跟鱼不一样的呼吸系统,这就够了。进一步猜出它的意思也不难。

鼻子:"鼻子"这个词难写难记,可能比"眼睛""耳朵"难识别。但在文中我们知道,"在水里的时候,眼睛、耳朵……都紧紧地闭着",由于"眼睛""耳朵"都是身体器官,且有孔与外界相通,这个词的所指一定与它们特征相同,不知道它的具体词义也无关紧要。

(三) 多积累语言知识和社会文化知识

阅读者的知识结构包括语言知识和社会文化知识,它们都是快速阅读能力的重要组成部分。实验证明,掌握的语言知识越多、社会文化知识越丰富,越容易理解和体会文章的含义,阅读的速度也就越快。

1. 语言知识

语言知识主要集中在字、词、句、段四个层次上。

在字的层面要求学生具有基本的识字辨字能力。由于汉字是一个在三维空间建构的符号,它的信息含量大,它的区别性也较强。比如"万——方、大——太、天——夫、午——牛",仅仅因为字形上多一点、少一点、出头、不出头,词的意思就大相径庭。训练时我们提倡多看多写,只要认读、书写的熟悉化程度提高了,再认时的反应速度就会加快。

在词的层面要有断句分词的能力。构词法知识能帮助学生具有一般的判断词语、划分词语、理解词义、记忆生词的能力,它的最终目的是扩大词汇量。汉语水平词汇大纲中划定的 8822 个常用词中,3000 个常用词汇可覆盖一般语料的 86%,5000 常用词汇可覆盖语料的 91%,8000 常用词汇可覆盖语料的 95%。只要词汇量达到一个相应的高度,阅读的难题就会相应地减少。

汉语是一个重意合的语言,这使习惯于从形式上来分析学习语言的学生感到无从下手,例如从形式上看完全一样的短语,语义关系可能完全不同。如:"吃饺子"的"饺子"是吃的对象;"吃馆子"的"馆子"是吃的场所;"吃大户"的"大户"是吃的来源;"吃粉笔末"表示职业,凭靠;"吃批评"表示经受、挨等。汉语的意合性也表现在句子之间。"你不来,我就不走",隐含着假设关系;"大了,管不住了"隐含着因果关系;"越说越高兴"隐含着递进关系。语篇的连接也喜用流水句、对仗句等,这些语言方面的特点体现出汉族人的思维方式,需要学生细细体会、感知。因此在语法的层面,逐渐培养起对汉语的语感是最重要的。

在语篇层次上我们要给学生介绍一些篇章结构知识,文章的修辞手段等,让学生具备一些把握篇章结构的能力。

2. 社会文化知识

社会文化知识是个人文化素养的综合体,是在成长过程中积累起来的生活经验和感受,这些东西会形成一个个知识图示存在于大脑中。当阅读过程开始后,知识图示就进入运行程序,能够匹配的阅读材料,理解起来就容易,反之就困难。这也就是普通人阅读专业科技文章很难的原因。在进行汉语阅读技能训练时,我们需要多给学生介绍一些中国社会、中国经济、中国文化历史方面的东西,以增加他们大脑中关于中国的知识图示,最终加快阅读的理解速度。

讲技巧,勤实践,将语言能力和知识系统结合起来,提高阅读的效果和速度是可以实现的。

参考文献

陈贤纯　1998　《外语阅读教学与心理学》,北京语言文化大学出版社

崔永华、杨寄洲　2002　《汉语课堂教学技巧》,北京语言大学出版社

范　红主编　1999　《大学英语阅读技巧与实践》,天津大学出版社

胡春洞主编　1990　《英语教学法》,高等教育出版社

鲁忠义、彭聃龄　2003　《语篇理解研究》,北京语言大学出版社

徐子亮　2000　《汉语作为外语教学的认知理论研究》,华语教学出版社

赵金铭主编　2004　《对外汉语教学概论》,商务印书馆

周小兵、李海鸥主编　2005　《对外汉语教学入门》,中山大学出版社

本章有关实例选自下列教材

陈贤纯　1994　《现代汉语阅读入门》,现代出版社

刘颂浩、黄　立、张明莹　1997　《中级汉语阅读》,北京语言文化大学出版社

倪明亮主编　1998　《HSK中国汉语水平考试应试指南》,北京语言文化大学出版社

熊　文　2002　《汉语阅读教程》,北京语言大学出版社

张丽娜主编　1998　《汉语系列阅读》,北京语言文化大学出版社

周　健、彭小川、张　军　2004　《汉语教学法研修教程》,人民教育出版社

周小兵主编　2004　《阶梯汉语中级阅读》,华语教学出版社

第五章 汉语写作技能
教学法与教学技巧

第一节 汉语写作技能训练的目的

我们所说的"汉语写作训练",不等于中国学生汉语母语教学中的"作文"或"写作",因为中国学生的作文或写作实际上就是"写文章",教学的中心是教学生立意和选材,更注重培养学生的创造性;而对外汉语教学中的写作训练是语言教学的一部分,它的目的一方面要有助于学生复习、巩固所学过的汉语知识,另一方面是要培养学生用汉语进行思维的能力,并进而用汉语进行书面表达的能力。在听说读写四项语言技能中,写作能力的提高是最难的,尤其需要专门的训练。(赵金铭,2004)

一 汉语写作训练的原则

(1)以读带写的训练原则

写作训练是表达训练,只有积累了一定量的语言表达材料才可能促成准确的表达,因此,多读、精读是写作训练的第一步。通过阅读,可以丰富词汇、熟悉句型句式,可以增加文体知识、了解语体类型,可以增强表达意识、提高表达技巧。

(2)由限制模仿到自由表达的训练原则

汉语写作训练的初期必须以限制和模仿为主。在训练的初始阶段如果缺少限制与模仿的练习,会导致学生完全依赖母语进行思维和表达,这是非常有害的。模仿即是对自由表达加以限制的一种练习方式,一定要让学生在模仿中体会词语的搭配、句式的选择,并允许和鼓励学生套用范文的开头、结尾以及文章的整体结构。在模仿中学生不仅锻炼了语言能力,而且培养了用汉语思维的习惯。模仿可以使学生得到多方面的启发,并有助于最终达到完全自由表达的阶段。

(3)精讲多练的训练原则

精讲多练是对外汉语教学各项技能训练都必须遵守的基本原则,这条原则在汉语写作训练中尤其重要。在每一次的写作训练中,教师的指导都十分重要,所有的指导必须切中要害,必须清晰明确,只有这样学生才能沿着教师所指的"路"走下去,才能按照要求完成写作训练的任务。精讲是为了多练,写作训练的关键是实践,因为我们知道人的所有的能力都是练出来的,学生的写作能力也不例外。

(4)循序渐进的训练原则

循序渐进是任何一种教学活动都必须遵守的基本原则。具体到汉语写作教学中,教师必须认识到外国人的汉语写作训练与中国学生的"写文章"有极大的不同,因此一定要避免随便定个题目就让学生去写的做法。汉语写作教学必须遵循从易到难、从简单到复杂的循序渐进的训练原则,必须从字到词,从词到句,从句到段,从段到篇章,让学生系统地进行练习,并根据学生的特点,注意练习的针对性。

二 汉语写作训练的任务

训练任务包含传授知识与训练能力两个部分,其中以训练能力为主。一般来说,最好要求学生在一次训练课程中完成一篇有时间和字数要求的习作。明确的时间要求可以促使学生养成积极思维、迅速动笔的良好的写作习惯,同时也为教师的集中讲评提供了方便。强调字数要求是为了保证每一次训练都有一定的量化标准,因为学生写得越多,运用汉语的机会就越多,虽然写作数量不代表写作质量,但没有足够的写作数量就一定不会有很好的写作质量。

三 汉语写作训练的安排

一般来说,汉语写作训练的安排主要有两种,一是将写作训练放在综合课中进行,二是单独开设写作课。

对非汉语专业或参加短期学习的学生,课程设置的方式是以一本教材为主来开设综合性汉语课,教学活动中听说读写四项技能的训练是相互结合、互相促进着发展的。在这种课程设置情况下的写作训练,可以紧密结合汉字、语法学习以及听力和阅读练习来进行,教师可以把写作训练作为复习、巩固所学语言知识,提高学生综合能力的重要方面。

对汉语专业的学生来说,写作课一般在基础汉字教学完成之后单独开设。在这种课程设置情况下的写作训练,都使用专门的写作训练教材,从写作知识和写作技能两个方面入手,循序渐进地培养学生用汉语进行写作的能力。在写作课上,学生可以综合运用已学过的汉字、词汇、语法,在"用"的过程中巩固、熟悉所学的汉语知识,了解和掌握书写格式、标点符号、文体、语体等多种书面语言表达方式,最终写出合乎文体语体、结构严谨清晰、语句精确生动的好文章。

第二节　汉语写作技能训练的层次

一　初级阶段

根据国家汉办的《汉语水平等级标准》,一般认为,学过 700 个左右的甲级汉字和一些基本的汉语语法的学生,书面表达训练处于初级阶段。这一阶段学生的主要问题是汉字书写掌握得还不够好,汉语词汇量不足,还没有掌握正确的汉语语序,以致不是语法有错误就是词语搭配不当。因此,初级阶段的写作训练主要是组词造句、掌握正确的汉语语序的训练,教学内容侧重于词汇、语法以及汉字、标点符号等方面。通俗地说,初级阶段主要解决学生书面表达中"对不对""通顺不通顺"的问题。

例:

＊这是我第一次见面他。

(这是我第一次跟他见面。)

＊今年三月我毕业了大学以后来到了北京。

（今年三月我大学毕业以后来到了北京。）

＊他们在路上遇见，谈话了一会儿。

（他们在路上遇见，谈了一会儿话。）

＊我的家乡天阴和下起雨来的时候特别多。

（我的家乡天阴和下雨的时候特别多。）

为了较好地解决初级阶段学生的问题，刚开始训练的时候可以设计一些如抄写、组词成句、连句成段等基础练习，之后再进入一些简单的记叙文和应用文的写作。

二　中级阶段

我们把初级以上基本能掌握 2000 个左右汉字的学习阶段称为中级阶段。中级阶段的主要训练任务是谋句成段和谋段成章，语段、语篇的写作是教学重点。

这一阶段学生的主要问题是在词语搭配以及语句连贯衔接等方面，同时还有语意间缺乏照应或语气的配合不妥等问题。因此，这一阶段的训练重点是在扩大词汇量的基础上加强语段练习和语篇练习。从初级阶段的要求"对不对"逐步过渡到要求"好不好"，也就是既要求写得对还要求写得好。

例：学生习作

我叫×××。我是从××国来的。我是十八岁。我在×××（外国城市名）出生的。我的家有三口人。我的妈妈爸爸和我。现在妈妈不工作。现在爸爸在××国大使馆工作。十一月妈妈和爸爸去×××（城市名，同前）。现在我是北京语言学院的学生。我学过一年汉语。我还学习三年汉语。

从单句上看，上面每个句子都对，然而从语篇来看，由于每个句子之间都缺乏联结和照应，整段表达显得生硬、机械，缺点很明显。

语段通常由两个以上的句子组成，这些句子围绕一个主题，借助逻辑语义关系和各种句际连接手段组合在一起，构成一个大于句子而小于语篇的整体。中级阶段的写作训练从语段入手有很多好处：它篇幅短小，适合在有限的课堂时间内练习；它主题突出，语言的连贯性强，句际连接手段便于操练;语段与语段之间按照一定的逻辑关系连接起来,就能构成语篇。语段训练是语篇训练的基础,但不能代替语篇训练,因为语篇训练还要包括整篇文章的构思、文体、语体等多方面的训练内容,这些内容的练习可以在中级阶段开始,然后在高级阶段进一步加强。

三　高级阶段

中级以上掌握约 3000 个汉字的学习阶段可称为高级阶段。高级阶段的主要任务是文体写作,要求学生既能够撰写一般性文章(读后感、记叙文、议论文、普通应用文、实习报告、论文等),也能够写作一定专业性工作范围内的有关文章。这就要求必须熟悉并能运用有关文体,必须掌握与某类文体相适应的写作方法、语言风格。这一阶段不仅要求写得对、写得好,还得要求写得得体。

中级阶段开始的文体写作主要是在"文体"这个外壳里综合地练习汉语,高级阶段则要用较熟练的汉语把各种文体的特点充分地体现出来。文体制约言语,言语适应文体,这也是适应交际的语言实践。为了适应不同的交际领域、交际目的、交际内容的需要,在语言手段的使用上就会有所选择:富于生活气息的口语语体、准确简洁的书面语语体、逻辑论证清晰的政论语体、严密准确的科技语体和抒情形象的文艺语体等。

实际上,每一届每一班学生的情况都是非常复杂的,学生的水平都不会像我们上面所说的这样可以简单划分为初、中、高三段,因此在具体的教学实践中,训练内容的设计也要根据学生的具体水平做些灵活的调整。总之,教学阶段的设计都要依据学生的实际能力和需要而确定,教师不能根据自己的好恶想让学生写什么就写什么。

第三节　进行汉语写作技能训练的教学准备

一　关于教材

教材是教学活动开展的基础。根据体例的不同,写作教材一般有层进式、结合式、分体式、过程式等几种。

（1）层进式

层进式教材，训练内容从简单的拼音、造句、组句到复杂的篇章结构和技法运用等逐层前进和深化，训练方式是先分解写作训练的难点，再综合地加以提高。

（2）结合式

结合式教材，内容多从写作知识和写作方法入手，训练方式是融知识、范文、练习于一体，将三者结合起来进行组织教学活动。

（3）分体式

分体式教材，大致按照记叙文、说明文、议论文、应用文等分类，从各类文章的写作特点入手进行写作训练。

（4）过程式

过程式教材，把每一单元每一堂课都作为一次写作实验，精心组织教学内容和练习形式，将教学的过程变为展示教师诱导、提示、推导、评判和学生的发现、认识、改进、总结、提高的详尽过程。

目前写作教材不少，选用教材一定要根据学生的具体情况，做到为我所用，既可以只用一本教材，也可以多本教材综合利用，甚至也可以根据需要自编教材。

二　开设课程的准备

如果写作课是单独设课，教师在上第一堂课时，应该给学生发一张"课程描述"，说明这门课的教学目的，讲授内容，时间安排，对作业的要求和交作业的时间等等，并列出参考书目。如果写作课将连续开设，还需要向学生说明各个学期的训练重点和所要达到的目的，需要交代清楚内容的大体安排和将要采用的方法，也要告诉学生最后考试的形式或方法。

对于选定的教材，应该向学生介绍教材的特点和使用的方法，如果没有特定的教材，要说明将怎样向学生提供书面材料。另外，除教材之外，应该要求学生每人准备一个文件夹，把每次写作训练的讲评材料收集起来，以便于将来的复习和保存。

三　如何备课

备课一般包括备学生、备教材、备方法三个部分。

（1）备学生

备学生就是要了解学生的年龄、学能和心理特点，了解他们现有的知识储备和接受能力，了解他们在当前写作训练中的困难和问题所在。例如，对低龄学生和成年学生，教材、教法等都应该有很大的区别，低龄学生要讲究边"玩"边学，成年学生则可以适当加强教学中的理论指导成分。

（2）备教材

备教材就是要进行教学内容的分析、教学目标的设定。例如，教某类文体的写作，教师必须分析该类文体的写作形式、写作方法、语言特点、表达方法等方面的特点，必须了解和掌握教学内容中的重点和难点，必须明确对学生的写作要求和学生应注意的事项等。

（3）备方法

备方法就是要根据学生的情况和教学内容的特点选择适宜的教学方法和设计完整的教学过程。教学方法有很多种，按照教学过程来分，有复习的方法、引入的方法、讲解的方法、练习的方法等，按照方法本身的特点来分，又有基本型方法和组合型方法等。教学方法没有好坏之分，只有适宜与不适宜之分，只有适宜的方法才是好方法。

四　学生的心理准备

一般来说，对于写作训练，尤其是第二语言的写作训练，学生都会感到胆怯、不自信甚至厌烦，因此学生开始写作训练之前的心理准备是很重要的。怎样克服学生的心理负担，怎样将知识性与趣味性巧妙地结合起来，怎样激发学生的写作欲望和兴趣，这些问题教师在课前都必须充分加以考虑，只有当学生把"要我写"变成了"我要写"，写作过程才会变得饶有趣味。

第四节　汉语写作技能训练的环节设计

写作训练一般包括：启发导入、知识学习、范文分析、总结规则、布置任务、学生写作实践、教师课外批改、分析讲评、补充练习这样九个教学环节。前六个环节安排在第一次课进行，第二次课进行最后两个环节。下面分述各环节的教学内容。

一　启发导入

启发导入是写作训练的第一个环节，它最好能同时达到三个目的：引起学生的兴趣、激活原有的旧知识、引入新的训练内容。这个环节约用几分钟的时间即可。

对低龄学生，可以让课程在游戏中开始。例如，训练内容是关于写人的记叙文，那么教师可以先在黑板上画一张人物的全身像或者某个明星的照片，用两三分钟的时间让学生复习，熟悉一下以前学过的人体各部位的名称，再把人体部位名称写在黑板上，然后在那些身体部位旁边加上一些适宜的形容词，或者可以按照人物的职业特点写出人物性格品质的名字，或者列出描写一系列行为动作的动词等等。一个有趣的开始不仅对低龄学生有很大的吸引力，有时对成年学生调剂学习气氛也很有益。

对成年学生，启发导入常用的方法是提问法，例如，同样是记叙文的教学，可以先请大家回答："记""叙"这两个字分别是什么意思？什么是"记叙"？"记叙文"是指什么样的文章？你认为我们学过的课文中哪些是"记叙文"？"记叙文"有哪些要素？一系列问题下来，启发导入的作用就达到了。

二　知识学习

知识的学习包括标点符号、书写格式、文体、语体、修辞等语言知识，还包括叙述、描写、抒情、议论和说明等文章表达方式的学习。这些知识的获得一方面要依赖其他课程的学习和平时的积累，另一方面要通过写作训练时教师的集中讲解。当然所有这些知识不能一股脑儿倒给学生，每一次教学都有侧重点。

知识的学习也不应占课时太长，主要是引导学生在旧知识的基础上建立新知识，为下一步的写作实践作必要的准备。

例如，对于汉语的标点符号和书写格式，学生初学汉语时已有一些感性的认识，但写作训练则需要提升以前的那些感性认识。作为"启发导入"，可以先找两个没有标点符号的长句子，或因缺少标点符号而产生歧义的句子，请学生朗读句子。这样的句子读起来肯定是困难的，自然就引入了标点符号的问题：标点符号是句子的"呼吸"，人没有了呼吸就会死亡，句子没有了"标点"就无法理解。接下来，第二步就可以给出汉语标点符号的有关知识：汉语书面表达常用的标点符号分为点号和标号两种。列表如下：

分类	作用	形式与名称						
点号	表示停顿或语气	， 逗号	、 顿号	； 分号	： 冒号	。 句号	？ 问号	！ 感叹号
标号	表示某些词语的特殊性质	" " 引号	（ ） 括号	…… 省略号	—— 破折号	《 》 书名号	好极了 着重号	五·四 间隔号

在知识学习这个环节可以采用图示法，因为它清晰明了，便于掌握。

三　范文分析

范文分析环节主要是根据训练目的的需要选择示范段落或者示范文章，范文选择的标准是那些从内容上到形式上都值得学生在写作实践中借鉴、模仿的样板。示例范文可以是正面的，也可以是反面的，让学生从中得到"可以这样写"或"不可以这样写"的启示，正反两方面的示例可以使学生在练习中少走弯路，也可以减轻教师批改文章的负担。

范文分析环节与上一环节的知识学习以及下一环节的总结规则是紧密联系的，知识学习是理论性的、抽象的，范文分析是感性的，可以印证前面知识学习中的内容。

范文分析的步骤，首先是指导学生阅读、分析，然后找出其中语言练习的重点和难点,最后归纳、总结。范文分析的时间可占总时间的四分之一左右。因为目的不同,与综合课和阅读课的课文分析不同的是,写作训练中的范文分析不求精细,只求目的明确、抓住训练重点、有针对性地使用范文。

下面我们以范文《父亲听信》为例,说明如何引导学生树立标点意识、了解各种标点符号的功能和用法。

步骤一:将范文交给学生,要求快速默读,了解基本内容。

例:父亲听信

　　　　有个父亲收到了在外地读书的儿子的来信。他不认识字,只好请一个邻居念信。这个邻居粗声粗气地念到:"亲爱的爸爸,给我寄钱来……"这个父亲一听,气得跳了起来,说:"这小子,好久不来信了,一来信就没有好事,要钱也不能是这个要法。"说完,不等邻居读完信,拿过信来,走了。过了几天,另一个邻居来他家串门,看见了桌子上的信,又读了起来。他慢声细语、充满感情地念到:"亲爱的爸爸,给我寄钱来……"这个父亲听了,微笑着说:"这才像我儿子,对我有感情。"他静静地听着,直到邻居把信读完。随后,他就把钱给儿子寄了过去。

步骤二:复习旧知识,引入新知识。前面学生已经知道标点符号是句子的"呼吸",呼吸可以有长有短,下面引导学生观察上面的这些标点符号,哪些停顿是短停顿,哪些停顿延续的时间可以较长,并思考为什么这样。

步骤三:请几个学生来朗读这篇文章,要求只有在长停顿处才可以停下来换另一个学生朗读。如果学生对换人的停止处把握不好,可以组织学生进行简单的讨论。

步骤四:提出要求。通过这篇范文的学习应该了解和掌握汉语标点符号的用法,因此可以先要求学生试着归纳出文中所用标点符号的种类,并分析这些标点符号在句中的作用。

四　总　结　规　则

总结规则环节一般放在范文分析之后进行。由学生自己归纳总结出来的规律、规则,往往留在他们头脑中的印象更深刻。由于知识学习、范文分析、总结规则这三个环节联系紧密,有些教师习惯将知识学习与总结规则合而为一,放在范文分析之前或之后进行,这样也是可以的。"教无定法",教学环节的设计一方面要考虑学生的需要,另一方面要考虑经济、有效地利用课堂时间。为了贯彻精讲多练的原则,总结规则和知识学习一样,最好能给学生提供简洁的板书,帮助学生迅速掌握要领。

再以前边的《父亲听信》为例,进入总结规则的教学环节。

步骤五:展示经过再加工的原文。

有个父亲收到了在外地读书的儿子的来信。[1]他不认识字,[2]只好请一个邻居念信。[3]这个邻居粗声粗气地念到:[4]"亲爱的爸爸,[5]给我寄钱来……[6]"[7]这个父亲一听,[8]气得跳了起来,[9]说:[10]"这小子,[11]好久不来信了,[12]一来信就没有好事,[13]要钱也不能是这个要法。[14]"[15]说完,[16]不等邻居读完信,[17]拿过信来,[18]走了。[19]过了几天,[20]另一个邻居来他家串门,[21]看见了桌子上的信,[22]又读了起来。[23]他慢声细语、[24]充满感情地念到:[25]"亲爱的爸爸,[26]给我寄钱来……[27]"[28]这个父亲听了,[29]微笑着说:[30]"这才像我儿子,[31]对我有感情。[32]"[33]他静静地听着,[34]直到邻居把信读完。[35]随后,[36]他就把钱给儿子寄了过去。[37]

步骤六:一边分析一边板书所总结的规则。

范文中的标点	句子的号码	名称	功能分析
,	2、5、8、9、11、12、13、16、17、18、20、21、22、26、29、31、34、36	逗号	句子中间的停顿。
。	1、3、14、19、23、32、35、37	句号	一句话完了之后的停顿。
:	4、10、25、30	冒号	和引号搭配使用,表示人物直接说话。
、	24	顿号	一句话中并列词语之间的停顿。
……	6、27	省略号	表示文中的省略部分。
" "	7、15、28、33	引号	引用人物的话语

五　布置任务

布置任务是从"学习环节"到"实践环节"的过渡,目的就是能使学生"学以致用"。

　　所布置的任务要与写作训练的重点相"匹配"。例如,如果训练的重点是句子间的承接关系,那么所布置的任务最好是叙事类的短文。因为在叙事类的短文中,时间或空间的转换,动作前后的连接,事件的发生、发展、变化等,都自然蕴涵着一种承接关系。如果训练的重点是句子间的并列关系、递进关系,可以安排练习写人物介绍或人物描写类的短文,因为人物的外形描写、心理描写等都会用到大量并列关系和递进关系的句子。

　　所布置的任务除了要能突出语言训练点的应用之外,还要在表达内容上给学生留有一定的弹性,相关的表达内容要贴近学生的生活,否则难以激起学生写作的热情。如写人,可以写亲人、身边的人、对自己有影响的人,也可以写伟人、某小说中的人、自己梦中的人等,这样布置的任务才能让学生有感而发。

　　布置任务时最好能多给学生一些明确的提示。例如布置了一篇写人的短文写作,可以提示学生:

　　1) 你要写的这个人是谁?

　　2) 这个人在肖像、行动、语言方面有什么特点?

　　3) 这些特点显示了这个人怎样的性格和品质?

　　4) 还有哪些事件可以突出表现人物的性格和品质?

　　5) 这些事件应该按怎样的顺序来写?

　　最后,布置任务时要提出对写作时间和写作字数的要求,如初级阶段要求一个小时写三四百字,中级阶段要求两个小时写六百至八百字。

六　写作实践

　　写作实践这个环节一般应该占整个课堂教学时间的三分之一。学生在写作过程中遇到的主要问题是汉字、词语等问题,当他们查词典后仍有解决不了的问题时,会向同学或教师求助。教师应采取个别学生的问题个别解决的方式,尽量避免干扰其他学生写作。

七　教师批改

批改一般都是教师在课下进行的。通常学生在写作时都经过了认真思考,字字句句都是反复斟酌、精心组织的,因此教师首先必须做一个耐心的读者,通读全篇,了解学生使用的每个词语、每个句子在全文中的用意,然后再根据学生的原意,判断哪种改法更合适。

批改要考虑不同阶段的不同要求,要从学生的实际能力出发进行批改。对初中级阶段的学生,重点是要解决把句子写通顺、把意思表达明白的问题,对高级阶段的学生,重点解决怎样使语言准确、生动等问题。即使同一阶段的学生,其汉语水平和写作能力也存在着差异,因此对不同学生的习作要按照实际情况确定修改重点。对语言基本功差的学生,批改就着重在正误方面,好坏问题先不去管;对语句正确、通顺的学生,就可以在选词用句的优劣方面多加考虑。

批语要具体、切中要害,可以针对全篇文章指出注意事项和努力方向,也可以针对局部指出优缺点。不求全面,每个学生每次强调一两个重点就好,积少成多,一学期下来学生的进步就会很明显。

八　分析讲评

分析讲评环节很重要,它既是对学生写作实践的反馈,也是当次写作训练从理论到实践再到理论的一次提升。分析讲评环节的教学时间大约也占三分之一左右,目的是使学生对当次写作训练的结果有一个清醒的认识,在汉语的表达运用上有新的收获,并为下一次的写作训练打下基础。

分析讲评环节可以包括总评、知识提炼、难点总结、错误分析、学生习作互评等步骤进行。

总评是对当次写作训练的总体情况给予评价,指出在哪些方面达到了训练目的和训练要求,在哪些方面还存在较为普遍的问题。侧重点在语言问题上,对学生习作的思想内容和个人观点持宽容态度,少加评论。

学生对于一种新知识的学习并不是一次就能完成的,通常都需要多次的反复,写作训练也是这样。虽然经过了知识学习、范文分析、总结规则这三个环节的学习,学生真正进入写作实践时依然会犯不少错误,有些甚至是教师提醒过的问题,因此在分析讲评环节就需要对已学的知识进行再提炼,通过"理论—实践—理论"这样多次地反复,让学生更深入地理解和掌握。

难点总结是针对学生汉语学习中的一些老大难问题,如"了"的问题,"把"字句、"被"字句、"比"字句的问题,还有虚词用法等问题。可以结合当次习作中出现的具体情况,确定一两个难点集中分析讲解,以后的讲评课中遇到时再纠正,经过多次反复练习,会有助于提高学生的综合表达能力。

错误分析就是对学生习作中存在的问题进行分类处理,如错别字的问题,词语搭配的问题,句式选择的问题,语句间衔接照应的问题等。把这些问题集中起来,写在黑板上,可以让学生自己来改正,从而强化正确的语言运用方式。

学生习作互评可以更充分地调动学生的学习积极性。一个班的学生大致处于同一水平,语言能力相当,年纪、经历相仿,思想、志趣接近,这些都使得学生间更容易沟通理解。一篇好的学生习作,作用有时甚至超过一篇好的范文,因为那是自己的同学写的,学习起来心理上更容易接受,而且也能增加大家成功的信心。一篇不成功的习作,其中的许多毛病又常常是大家共有的,经过集体"综合改错",可以帮助学生从别人的错误中汲取教训,少犯同类的错误。

九　补充练习

这个环节可以根据课堂教学时间的情况设置,主要是针对当次写作训练中的主要问题,编写一些小练习加强某方面的单项训练,如词语搭配练习、同义词对比练习、连句成段练习等。这个环节针对性强,可以在多种不同形式的反复中加深学生对正确词句的印象,促进其书面表达能力的提高。

第五节　汉语写作技能训练的教学方法与技巧

汉语写作训练的方法没有一定之规。对写作训练的认识不同,所选用的教材不同,相应地,教师所采用的写作训练的方法也会有所不同。

从不同的角度,我们可以总结出以下一些汉语写作训练的方法:

① 从教师对学生书面表达的控制程度,写作训练可以分为:限制性表达训练和自由表达训练。

② 从听说读写四项技能综合训练的角度,写作训练可以分为:听后写、读后写、看图写、看电影或录像后写、先口头作文再笔头表达等多种方式。

③ 从对原文材料再加工的角度,写作训练可以分为:扩写、改写等。

④ 从文体的角度,写作训练可以分为:记叙文写作、议论文写作、说明文写作、应用文写作等(由于有许多写作教材专题讲解文体写作教学,本书不再涉及)。

面对如此多的训练方法,首先要了解它们各自在提高学生写作能力方面的不同功能,然后才能根据不同的教学阶段和教学对象的语言能力,在写作训练过程中加以选择和采用。

一　限制性表达训练和自由表达训练

限制性表达训练,就是限制语言表达的范围、控制语言表达的方式。限制性表达训练的目的是帮助学生把握语言运用的准确性,减少犯错误的可能。常用的练习方法有:词语组句练习、连句成段练习、谋段成章练习、综合模仿练习等。

所谓自由表达训练,并非我们在前文中所反对的那种,在学生还不具备某项写作能力的情况下,就随意定个题目让学生自己去写的做法。这里所说的自由表达训练,是当学生具有一定的语言运用能力却不敢放手去写的时候,以特殊的方式“激活”学生的语言联想能力,激发他们如小时候喜欢涂鸦那样的“创作”热情,让写作真正成为表达自我的书面方式,而不再是沉重的负担。目前自由表达训练的主要方法是头脑风暴练习法。

(一) 词语组句练习

词语组句练习属于单句写话练习,其主要目的是帮助学生掌握正确的语序,比较适合针对初级阶段学生进行训练。训练内容的设计可以结合学生的表达难点或汉语语法的难点,词语方面如时间词语、地点词语、副词、介词、形容词等的用法,句法方面如形容词谓语句、名词谓语句、“把”字句、

"被"字句、"连"字句等特殊句型的用法。训练方式是给出数组词语,要求学生运用所给词语组成句子,除标点符号以外,不可随意增减词语,但相同词语可重复使用。

　　词语组句练习由于其单句性、机械性的特点,不能成为我们书面表达训练的一种主要方法,但是这种练习法针对性强,既可以结合初中级阶段学生的语法学习难点进行练习,也可以放在中高级阶段针对学生习作中的一些顽固性错误展开。具体操作方法:

　　1)以板书或其他书面形式,提供一组练习。

　　2)要求学生在一定的时间内将练习中的词语组成句子。

　　3)要求学生读出他们所写的句子,对不正确的句子予以纠正。

　　4)教师提供完整的正确答案,并作适当讲解。

例1:结合语法点的学习,训练掌握选择问句的语序

步骤一:板书或用其他书面方式提供以下的训练材料。

　　　① 你的　蓝的　毛衣　是　还是　红的

　　　② 那　还是　词典　本　是　英文　法文　的

　　　③ 你　电影　看　听　晚上　还是　音乐会

　　　④ 张东　日语　英语　学习　还是

　　　⑤ 应该　走　左　右　往　他们　还是

　　　⑥ 还是　今天　明天　你　上海　去

步骤二:限定时间,要求学生将各练习中的词语组成句子。

步骤三:请学生读出他们完成的句子。

步骤四:提供完整的正确答案并作适当讲解。

　　　① 你的毛衣是蓝的还是红的?

　　　② 那本词典是英文的还是法文的?

　　　③ 你晚上看电影还是听音乐会?

　　　④ 张东学习日语还是(学习)英语?

　　　⑤ 他们应该往左走还是往右走?

　　　⑥ 你今天去上海还是明天去?

以上的六个习题,很明显,目的是要训练学生掌握选择问句的语序。它

们两两一组,①和②,③和④,⑤和⑥分别练习三种不同的句型,且偶数句都比奇数句要稍微难一些。教师可用彩笔做出下划线和着重号,以利于学生掌握选择问句中不同选择项的位置。

　　这样的练习适合初级阶段的学生,当他们需要把一个新的语法概念和旧的句型知识联系起来时,常把握不好正确的语序,这时做一些适当的词语组句练习是有益处的。

　　例 2:训练汉语中时点、时段等时间范畴的表达方式

　　步骤一:板书或用其他书面方式提供以下的训练材料。

　　　　① 我　生词　晚上　预习　课文　复习

　　　　② 跟　我　朋友　去　东西　买　商店　一起　中午

　　　　③ 他　去　图书馆　以后　常　下课　看　书

　　　　④ 好　以后　了　病　再　吧　上课　等

　　　　⑤ 我　辅导　给　一会儿　来　老师　语法

　　　　⑥ 昨天　一个　小时　看　我　多　了　电视

　　　　⑦ 个　睡　八　觉　晚上　我　小时　昨天　了

　　　　⑧ 毕业　大学　年　我　已经　了　两　多

　　　　⑨ 时间　我　找　了　没　到　长　也　很　书　本　那

　　　　⑩ 已经　没　上课　了　三　他们　天

　　步骤二、步骤三同上。

　　步骤四:提供完整的正确答案并作适当讲解。

　　　　① 晚上我复习课文、预习生词。

　　　　② 中午我跟朋友一起去商店买东西。

　　　　③ 下课以后他常去图书馆看书。

　　　　④ 等病好了以后再上课吧。

　　　　⑤ 一会儿老师来给我辅导语法。

　　　　⑥ 昨天我看了一个多小时电视。

　　　　⑦ 昨天晚上我睡了八个小时觉。

　　　　⑧ 我大学毕业已经两年多了。

　　　　⑨ 我找了很长时间也没找到那本书。

⑩ 他们已经三天没上课了。

引导学生注意那些有下划线的词语，分析它们所表达的时间概念有何不同，并注意它们在句中的位置。

时间范畴常常是初中级阶段学生用汉语进行书面表达时的难点，因为它们时而在前，时而在后，学生很难正确把握其句中的位置，尤其像在⑨⑩这样的否定句式中。教师如果多搜集一些汉语时间范畴的表达句式，编成词语组句形式让学生多加练习，定会对学生有所帮助。

（二）连句成段练习

连句成段练习是一种从单句到语段的写作训练手段。组词成句练习只能利用一定的语法手段将词语按正确的顺序组合起来，由于书面表达没有像口语表达那样的交际情景，所以单句所表达的意义总是有限的、孤立的、指代不清的或含有歧义的。每一个单个的句子只是一个静态的语言单位，只有引导学生把句与句衔接、连贯起来，才能完整地表达他们心中某些复杂的想法和感情。

连句成段练习的训练重点，一是理解句与句之间的逻辑语义关系，二是掌握汉语的句子组合成段的方式方法。

汉语句子组合的方式主要有两种：形式组合法和意合法。

形式组合法是使用关联词语来表现句与句之间逻辑语义关系的方法。如"一边……一边……""首先……然后……再……最后……""不但……而且……""虽然……但是……""因为……所以……""要是……就……""只有……才……"等词语，它们可以表示句与句之间的并列关系、承接关系、递进关系、转折关系、因果关系、假设关系、条件关系等。

意合法即不使用关联词语，句子之间按照内在的逻辑语义关系直接连接起来。

连句成段练习适合于培养初中级阶段学生的写作能力，目的在于引导学生注意意义表达的向心性、思维的条理性和语言的连贯性。具体方法是：

1）以板书或其他书面形式，提供练习材料。

2）要求学生在一定的时间内将材料中的句子组合成语段。

3）要求学生读出他们所写的语段，对不同意见加以分析、讨论。

4）教师提供完整的正确答案,讲解该语段所采用的语段句子组合的方式。

例:将两组句子分别组成两段话

训练重点是:①根据时间顺序,直接将句子组合起来;②指示代词的作用。

步骤一:板书或用其他书面方式提供以下的训练材料。

（1）

A. 尤其是冬天的星空,常常使我看得入迷

B. 我的家乡是一个美丽的小城

C. 每到晴天的夜晚,就可以看到明亮的星空

D. 小时候,我常爱看那美丽的星空

（2）

A. 到中国以后我还是这样

B. 后来离开了家乡,我仍然经常想起家乡那美丽的星空

C. 常常一到晚上就不由得会抬起头来往天上看

D. 天空有没有明亮的星星

步骤二:请几位学生分别读一读每组中的单句。

步骤三:限定时间,要求学生将两组练习中的句子组成两个语段,并要求正确使用标点符号。

步骤四:请学生读出他们完成的语段,组织有不同意见的学生进行讨论。在这一环节学生讨论较多的可能会是起始句问题,究竟起始句该是"我的家乡是一个美丽的小城"还是"小时候,我常爱看那美丽的星空"。

步骤五:提供完整的正确答案。

（1）B→C→D→A

我的家乡是一个美丽的小城。每到晴天的夜晚,就可以看到明亮的星空。小时候,我常爱看那美丽的星空,尤其是冬天的星空,常常使我看得入迷。

（2）B→A→C→D

后来离开了家乡,我仍然经常想起家乡那美丽的星空。到中国以

后我还是这样，常常一到晚上就不由得会抬起头来往天上看，天空有没有明亮的星星。

步骤六：作适当讲解。

这两个语段中的关联词语不多，主要使用意合法来组织句子。

画出训练材料中的时间词语，让学生了解这两段话是怎样将句子之间的先后关系组织起来的：晴天的夜晚……小时候……后来……到中国以后……，从而帮助他们掌握依靠时间顺序组织语段的方法。

关于第一段的起始句，正确的应该是"我的家乡是一个美丽的小城"。诚然，汉语的段落有很多都可以以时间词"小时候"起始，但是"小时候，我常爱看那美丽的星空"一句中，有一个指示代词"那"，如果用该句作为起始句，这个"那"指代不清，因此不可能作为起始句。

在这两段练习材料中，共有三个指示代词。在句与句的衔接、连贯中，由于代词所具有的复指和替代的作用，常常也是组合句子的手段之一，但语段的起始句一般不用代词。

（三）谋段成章练习

谋段成章练习是一种从语段到语篇的篇章写作训练，它涉及更深层次的语言综合运用。篇章写作训练总是立足于整体，对于以汉语为母语的中国学生来说，训练的重点是如何立意，如何布局、谋篇，而对于学习汉语的外国学生来说，训练的重点还是语言运用问题。

和连句成段一样，谋段成章练习也要注意语言材料在意义上的内在逻辑关系和在语言形式上的外在表现。篇章结构作为一个复杂的组织系统，在内容的组织安排上，要符合客观事物本身的发展规律和其内部联系，也要符合人类认识事物的顺序、过程和心理；在篇章的外在形式上，开头、正文、结尾要设计合理，段与段之间要过渡自然、前后照应。

谋段成章练习可以用两种方法进行，一种是从整体到部分，另一种是从部分到整体。

从整体到部分，就是向学生提供完整的范文，学习范文如何开头、结尾，如何展开正文，如何安排段与段之间的过渡与照应。之后，再以命题作文的方式，让学生练习写整篇文章，并在写作过程中切身实践如何谋段成章。现实生活中因写作需要和写作目的各不相同,我们所读到的文章在篇章结构的组织形式上也是千差万别的。因此,谋段成章从整体到部分的训练,可以和记叙文、议论文、应用文等文体教学结合起来进行。

从部分到整体,就是仿照连句成段的形式,向学生提供一些段落,让他们根据段落之间意义上的联系和语言形式上的标志,将分散的段落组成完整的语篇。这种谋段成章练习相比前边的写作整篇文章来说,难度低,适合学生在开始写作整篇文章之前进行,也就是说,从部分到整体的谋段成章练习可以作为从整体到部分的前期训练。具体的操作方法和连句成段的操作相仿,下面只举一个具体的例子。

例:将材料中的段落组成文章

训练的重点是:①按照事件发展的时间顺序组织段落;②段与段之间过渡与照应的方法。

步骤一:向学生提供谋段成章练习的语言材料,要求将以下的段落组成一篇文章。

段落1

舱外的风暴似乎更强更大了,机声也颠摇得更加剧烈。正在我们惊魂不定时,空姐的声音在耳边响了起来:"各位旅客,现在我们的飞机进入了积雨云,目前飞机正在爬升,请各位旅客在各自的座位上坐好,不要随意走动,我们很快就会飞出这片云区。"

段落2

今年夏天出去旅游,在黄海边上的一个叫吕泗的渔港住了几天后,我和朋友便乘飞机从江苏的南通直飞成都。飞机中途在武汉天河机场作短暂停留后,又腾空而起,向西飞越。几个小时后就要回家了,我们轻松地谈笑着,心情十分愉悦。

段落3

果然,几分钟后,我感到有阳光从舷窗外照射进来。我凑到窗边向下一望,不觉激动起来——飞机在爬升千余米之后,把大片的乌云甩在了下面。这种情景真是壮观:下面是黑色的云块和云块相互撞击后发出的轰鸣,上面是艳阳高照,阳光使飞机的翅膀折射出洁净、明丽的光亮……

　　段落 4

　　聊着聊着，我们不由得紧张起来。两人都不说话了，各自靠在座椅上，努力掩饰着内心的惊恐与不安。此时，机舱外的蓝天白云不见了，刹那间电闪雷鸣，机身不停地颠簸——飞机进入了风暴区。我和朋友都是第一次坐飞机，哪经历过这种场面，她轻声地嘟囔了一句："上帝保佑。"我也在心中做着同样的祈祷。

　　步骤二：限定时间，让学生先阅读练习材料，然后将打乱了的段落重新排序，组成一篇文章。

　　步骤三：请学生讲述将段落重新排序后的结果，并说明他们如此排序的原因。

　　步骤四：教师公布自己的看法。其正确的排列顺序应该是：段落 2、段落 4、段落 1、段落 3。

　　步骤五：有关语言训练点的讲解。

　　这篇文章是按照事件发展的时间顺序组织段落的：乘飞机回家→因遇到风暴而惊恐→脱离危险。这种按照时间顺序组织段落的方法很符合人们叙述事件发展或了解事件经过的心理习惯，所以既易于掌握，也便于读者的理解，是一种很常用的文章的组织方法。

　　与其他一些欧洲语言不同的是，汉语的动词没有时态标记，有时甚至全篇只有一两句话用来说明事件发生的时间。在这样的情况下，要使读者不混淆时间概念，能清晰了解动作、事件发生的先后顺序，就必然会使用许多表示过渡、照应的词语或句子。

　　过渡，即上下文之间用以连接、持续的一种方法。照应，是指文章中某些内容不在同一个位置上出现，却彼此配合和呼应。

　　步骤六：按照上面关于过渡、照应的定义，请学生画出本次训练材料中那些起过渡、照应作用的词语。如有不同意见，可以组织分析、讨论。

　　步骤七：板书本次练习中起过渡、照应作用的词语。

　　"聊着聊着，我们不由得紧张起来"是一个过渡句，它使文章从前边的轻松愉快一下子进入了紧张状态。

"果然"是一个副词,常表示事实与所说或所料相符。在这篇文章里它的作用是连接段落 1 和段落 3,让"几分钟后,我感到有阳光从舷窗外照射进来"一句照应前边空姐所说的话"我们很快就会飞出这片云区"。

(四) 综合模仿练习

综合模仿练习,就是提供一段语言材料,要求学生参照该段语言材料进行仿写。这种仿写可以是多方面的:①仿写复句或语段,掌握句际间的衔接与连贯;②仿写语篇的组织方式和结构;③仿写某类文体或语体,掌握其特点;④仿写一些比喻、比拟、夸张、反复、借代、排比等修辞格式,使语言表达更鲜明、生动。

模仿练习,总的来说是一种限制性较强的训练方法,它要求学生采用某些固定的格式或程式进行书面表达。这种方法的优点是:①可以将训练难点沿单句→复句→语段→语篇→文体进行层层分解,根据初、中、高三个阶段的不同的训练层次和训练进度提供模仿样本,从而引导学生逐步掌握各种正确的书面表达方式并加以运用;②可以针对某些写作项目进行一些强制性的训练,促使学生运用一些难度大的、较复杂的句式或表达形式,以防学生在写作中因回避难点而影响表达能力的全面提高。缺点是:①只能解决写作训练中的语言形式方面的问题,只能为达成自由、流利的书面表达这个终极目标做好前期准备;②训练阶段和训练层次的强制性不一定完全切合学生的习得过程,而且可能会影响学生自由表达的积极性和个性的发挥。

模仿练习其实就是阶段性地解决"怎么写"的问题,目的是让学生的写作能力在有计划的控制之下逐步提高。它的具体方法是:

1) 将用作模仿样本的语言材料交给学生,针对某项训练重点,组织学生进行有目的的学习。

2) 引导学生分析、讨论样本,提炼其中的语言项目或语言格式,并掌握它们的用法。

3) 要求学生模仿样本中的语言形式,写出语言片段或语篇。

例:练习写"自我介绍"

训练重点为"句中词语的省略"。

步骤一:提供以下书面材料。

我的名字叫钟明华，[我]从印度尼西亚来的，[我]今年 22 岁。我高中毕业后来到北京，[我]已经在这儿学了一年汉语了。

我的爱好很广泛，像看电视、看电影、逛商店、看漫画书等，当然，还有音乐。我比较西化，喜欢流行音乐，通过听中文歌，[我]会提高汉语水平。

[我]选修写作课，是为了提高[我的]写作能力，因为我这方面还比较差。

如果可能的话，我打算学到四年级。学好汉语以后，[我]就到别的国家进修英语，然后去爸爸的公司工作。

步骤二：根据这篇自我介绍的内容，引导学生分析一下它可能是写给谁的，它的用途可能是什么。

步骤三：提出问题让学生思考：①这篇自我介绍是用第几人称来表述的？为什么？②方括号中的词语可以省略吗？为什么？

步骤四：板书本次训练的教学重点。

1）自我介绍应该使用第一人称的方式进行表述。

2）自我介绍的内容根据其用途而定，求学、应聘、征婚……目的不同，需要着重介绍和说明的方面也会不同。

3）由于所介绍的人物很明确，不会产生歧义，所以有些句子中的主语"我"和定语"我的"可以省略。省略可以使语言经济、简练，可以加强句际间的衔接。

步骤五：布置本次训练的任务，即模仿样本写一篇 200 字左右的自我介绍，用途是向同一个汉语班的同学做自我介绍，以便互相了解。

步骤六：提出要求，这篇自我介绍应该包括个人基本情况、兴趣爱好、学汉语的原因和目的、学汉语的经历、今后的打算等。

步骤七：提醒学生，注意词语的省略和句际间的衔接。

（五）头脑风暴练习

如果说前面的限制性表达训练是为了追求写作的"准确性"，那么自由表达训练就是为了追求写作的"流利性"；限制性表达训练"怎么写"的问题，自由表达训练"写什么"的问题。

写作训练的最终目的就是要使学生能够自由、流利地运用汉语表达自己的思想和感情,因此限制性表达训练虽然非常重要,自由表达训练却也是必不可少的。自由表达训练的目的之一是激发学生的写作激情,之二是通过自由写作量的增加来提高表达的流利性。

头脑风暴法即是一种自由表达训练的方法。具体方法是让学生围绕某个话题做大量自由表达练习,脑子里想到什么跟这个话题有关的就写什么,不管语法是不是正确、句子有没有意义,最重要的是一直写、尽快写。这种自由表达的练习,一般到中高级阶段才开始,练习的时间也不宜太长,从开始的三五分钟慢慢可以延长到十分钟左右。头脑风暴法的训练目的就是要促发学生的想象力、促进流利表达。

刚开始做头脑风暴法自由表达练习时,学生会觉得很困难,他可能会连写好几遍“写什么”“我不知道怎么写”“我不喜欢这个练习”等语句。教师要多给学生鼓励,告诉学生就像口语表达练习中突破“开口关”一样,最初的头脑风暴练习就是要突破书面表达的心理障碍。

下面举一个具体的例子来说明怎样做头脑风暴训练。

1)向学生简单介绍一下头脑风暴法的训练目的和方法。

2)引入本次训练所涉及的主题。我们每个人都会有一些难忘的事、难忘的人或者难忘的物件,每当想起他们,总能触发我们内心深处某种强烈的感情,或快乐,或痛苦,或感恩,或懊悔。不知道你有没有试过把这些强烈的感情与某种颜色联系起来,比如蓝色让你感到快乐,因为你忘不了一次愉快的海上旅行,比如白色让你感到恐惧,因为你有一次难忘的住院经历,等等。

3)布置训练任务,即试试把“颜色”和“感情”结合起来写一篇记叙文,可以记人,可以记事,也可以记一个难忘的物件或地方。题目自定。

4)为了帮助大家更好地进入自由表达的状态,教师引导学生围绕“颜色”“情感”这两个主题,先做一些相关的词语练习。方法是,学生随意说相关的词语,由教师板书出来,或者学生自己直接把想到的相关词语写在黑板上。可能写出的词语如:红、蓝、黄、绿、黑、白、雪、树、天、海、伤心、结婚、新郎、新娘、黑板、生气、庆幸、害怕、幸福等。

5) 引导学生将黑板上无序、孤立、抽象的词汇创造性地组织联系起来,例如:红———结婚———幸福……。这样一方面有助于学生根据词汇间的语义联系展开联想,另一方面也鼓励学生把个人的内心世界与表面上看起来抽象、无生命力的词汇相连接,一位有特殊经历的学生可能会这样联系:黑———寒冷———湖———母亲等。

6) 提出本次训练的要求:①文章开始的第一句话必须是:＿＿色让我感到＿＿＿＿＿＿,我忘不了……;②一旦动笔就不许停下来,一直到写够教师要求的时间为止;③脑子里想到什么跟这个话题有关的就写什么,不管语法是不是正确,也不管句子有没有意义,最重要的是一直写、尽快写。

7) 给学生二十分钟的时间思考、酝酿。学生可以一边思考,一边如前边练习中那样随手写下头脑中出现的相关词语。

8) 宣布开始动笔,一直到写够教师要求的时间为止。

9) 留给学生一段时间以便其整理、誊写。

二　听后写、读后写、看图写、看电影或电视后写

(一) 听后写

从听到写,人脑要经历从语音材料到文字材料的转换。在语言学习的课堂上,将听与写两种技能结合起来的训练形式有:听写、听记课堂笔记、听后写等。

听写,要求把所听到的内容全部照原样写出来,甚至连标点符号也不改变。听写常用于初级阶段训练学生掌握汉字书写的正确性和书写速度。

听记课堂笔记,就是将课堂上教师所教授的内容记录下来。听记课堂笔记,学生的注意力必须高度集中,要一边听一边理解一边记录,当堂记下全部重点内容,或者将主要内容大致记录下来。因此,一方面它需要学生有较强的语音、文字转换能力,另一方面也需要学生有较高的汉字书写速度。在中高级阶段,做一些听记课堂笔记练习,有助于将来与中国学生一起混班听课、学习。

听后写,要求听完语言材料之后让学生用自己的语言重新组织材料,写

出一篇与所听的语言材料在内容上基本相同的文章。听后写以听的方式提供语言材料,培养学生在听的基础上记忆语言材料、重新组织语言材料的能力。在听后写训练中,要以写为"主",以听为"次",因此用于听的材料不宜太长,不要有生僻的词语,句式不要过于复杂,其内容的难度应略低于学生的听力理解水平,只有这样学生才能把注意力集中在记忆所听材料的内容和语言上。

听后写的训练的具体步骤:

1)用听录音磁带的方式提供练习材料。

2)让学生听一遍全文,对所听内容有大致的了解,不要求掌握细节。

3)让学生再听一遍全文,这一次要求听懂全部内容,教师可以用提问的方法来检查学生理解的情况。

4)听第三遍,这一遍的速度可以稍慢些,要求学生一边听一边记忆所听的内容。如果所选的训练材料比较长,学生记忆有困难,则可以多听一两遍,但要求学生只能听记,不要笔录。

5)根据所听的内容,学生用自己的语言把整篇文章写出来。要求时间、地点、人物、情节内容与原文保持一致,而用哪些词语、句式,具体怎么写,都由学生自己掌握。

6)学生开始写作。

(二) 读后写

读后写就是在阅读之后,以所读材料为依据进行写的训练。读后写的训练方法很多,如:抄写、摘录、写概要、写读后感、写评论等。

对于初中级阶段的学生来说,根据所阅读的材料进行一些抄写、摘录、写概要等练习,有助于积累语言材料,学习汉语的书面表达形式,逐步提高其写作能力。

写读后感和写评论都属于自由表达训练,需要在学生具有较强写作能力的基础上进行,因此这两项练习比较适合中高级阶段的学生使用。

下面分别对写概要、读后感、评论这三种写作训练方法加以详述。

1. 写概要

写概要,就是要求学生在阅读文章之后,能够把握文章的要点,或借用原文中的词句、表达方式，或完全用自己的语言，写出概述性的短文。这种概述性短文的写作，不仅培养学生的阅读、概括能力，而且能够促使学生在模仿中提高对语言的运用能力。对写作能力较低的学生，可以选择给内容浅易的文章写概要，中高级阶段的学生则可以为内容、结构相对复杂的文章写概要，或者为准备毕业论文而搜集到的某方面的资料写概要。

写概要，"读"是关键。只有认真阅读，对原文有深入的理解，才可能把握全文的主干和精华，写出原文真正的"概（梗概）"和"要（要点）"来。

由于阅读对写概要的重要性，下面简述一下如何训练学生做"阅读功"。阅读功不是一般性地阅读，而是研究性地、深入地、反复地读，在读的过程中发现奥秘、提升自己的写作能力，就像研修某种武术功夫一样。这种阅读的目的不在于"读"，而在于"写"。

阅读功练习的顺序是：概览全文（总）→ 逐段分析（分）→ 全面总结（总）；重点是：深究内容——探究结构——欣赏语言——感受风格。

（1）概览全文，了解主要内容

篇章结构的组织方式一般有：总分式、递进（顺承）式、并列（交错）式等。

① 总分式，一般有核心意义句，即中心句，结构方法多是先亮明观点，再分述，然后总括。

② 递进（顺承）式，依照时间、地点、事件的发展、事物自身的特点性质等安排结构，一层一层地叙述、说明。

③ 并列（交错）式，围绕主题，从几个方面展开叙述、论述，不同的方面可以并行展开，也可以相互交织着发展。

篇章结构的组织方式决定着文章内容的展开方式，因此掌握文章的组织结构，有助于掌握全文的主要内容。

（2）逐段分析，串联各段的要点

一段话总是由一个个句子组成，先说什么、再说什么、后说什么，这些句子之间都有其内在的逻辑关系。每句话都表示一个意思，一句一句连起来读，看看哪几句的意思合并起来可以组成一层意思，那么几层意思加起来，就得到了段落的意思。

文章中的每一个段落会有一个要点，有时候它可能就是段中的一个中心句,因此找到中心句也就抓住了该段的主要意思。如果没有中心句,可以分析段中的一些重要、关键的词语,然后用它们串联起段落的要点。

概括出了各段的要点之后,把它们连贯起来,找到段落间的前后脉络、线索和内在联系,就容易了解作者的思路是如何展开的。然后再看看文章怎样开头、结尾,又怎样过渡、照应,也就知道了作者是如何布局谋篇的了。

(3)全面总结,分出全文的主干和枝节

概括出各段内容之后,结合文章的标题和全文的主题,分析所有各段内容之间的相关性,分辨主次,领会全文的精要之处。

在全面掌握文章内容的基础上,分析作者运用词语、句式、修辞的技巧的特点,总结作者的语言表达特点,了解作者的写作风格。

经过了上面一番认真地阅读,就可以开始动笔写概要了。

写概要的方法一般有两种。一种是根据原文的中心内容和要点,摘录原文中的重要内容或重点段落,然后将从原文中所摘录出的内容进行重新组织,保持其间的衔接与连贯,这种写概要的方法,我们可以称之为缩写版概要。另一种写概要的方法是,根据原文的重点,变更原文的句式甚至段落结构,完全用自己的语言重新组织材料,这种写概要的方法,可以称之为提纯版概要。教学中,要求学生用哪种方式来写概要,可根据原文的文体形式和学生的实际写作能力而决定。

概要写作训练的具体步骤:

1)准备一篇原文和一两篇此文的概要作为范文。

2)将原文材料交给学生,让学生通读全文,了解其主要内容。

3)按照上面所说的阅读方法,引导学生仔细研读原文。在引导中,教师要注意原文的文体特点,因为不同的文体在内容、结构的层次安排上往往是很不相同的。

(4)知识学习,由教师讲解概要写作的一般性知识(板书)

① 如何阅读、分析原文;

② 如何删减原文中枝节类的次要内容,保留主要内容;

③ 如何确定概要的中心内容;

④ 如何安排概要的结构:开头、主体、结尾;

⑤ 如何提炼概要的语言。

（5）展示范文

通过具体的实例，进一步学习概要的写作方法。

（6）总结概要写作的基本要求（板书）

① 原文的中心内容和要点不能改变；

② 原文的文体（记叙文、议论文、说明文等）不能改变；

③ 原文中的时间、地点、人物、事件、情节等不能改变；

④ 所写出的概要必须结构完整，开头、主体、结尾一样都不能少；

⑤ 句与句之间要衔接、连贯，段与段之间要过渡自然；

⑥ 语言要简练。

（7）练习

提供另外一篇文章，要求学生参照前边的写作方法和写作要求，在规定的时间内，写一篇一定字数的概要。

2. 写读后感

读后感，指看了某篇文章或者某本书之后所写出的自己的感想和体会。如果是看了某部影片或电视片后所写的感想，就叫观后感。观后感与读后感的写法基本相同。

在阅读理解原文方面，写读后感的训练方法与写概要有相同之处：概览全文（总）→ 逐段分析（分）→ 全面总结（总），因此，有关如何引导学生阅读的问题就不再多说，下面谈读后感的一般写作格式与方法。

在文体上读后感比较接近议论文。写议论文，要求观点明确，论据典型，论证严密，而读后感最突出的特点是由"读"生"感"，它可以是个人的感受、体会或者所受到的启迪，也可以是对文章或书中人物、事件的议论或评价。因此，读后感相比议论文的写作要容易些。

一般来说，读后感在格式上包括"引述——论点——论证——结论"四个部分：①引述，就是交待自己的感想从何而来。这部分通常简述所读文章的基本情况，如篇名、作者、内容概要等。概括原文时，不必面面俱到，应突出与感想有直接关系的部分，为下文的议论做好铺垫；②论点，即读文章之后的体会、观点。读完一篇文章，可能会有许多想法、看法，如果都写出来，就会内容杂乱、难分主次,因此最好选定感悟最深、值得挖掘的某一点来写。写出对这一点的感受,就写出了自己的观点,也就写出了一篇读后感的中心论点;③论证,是指依据中心论点进行分析论证,说明某个道理。分析论证,要围绕中心论点展开联想,可以通过记叙社会或自己身边的典型事例,摆事实、讲道理,使自己的观点具有说服力;④结论,即总结全文,把自己的所思所感与现实生活结合起来,点明其意义所在。

训练学生写读后感的具体步骤:

1)准备一篇原文和一两篇此文的读后感作为范文。

2)将原文材料交给学生,让学生通读全文。

3)引导学生把握原文的主要内容和原文作者的思想感情。

4)针对原文中的某个人物、某一事件、某种行为、某种态度、某种感情、某种观点或某个句子提出问题,鼓励学生阐述自己的感受,发表自己的想法和看法。

5)知识学习,结合前边学生的各种看法和想法,教师讲解读后感的写作方法(板书)。

① 细读全文;

② 寻找"感触点"并排列出来;

③ 选准"感触点"以确定中心论点;

④ 如何写读后感的引述、论点、论证、结论;

6)展示范文,通过实例,进一步学习读后感的写法。

7)总结读后感的写作要求(板书):

① 重点是"感",不是"读",因此不要过多复述原文内容;

② 用简练的语言写出自己的"观点句";

③ 所思所感对现实要有积极意义;

④ 结论要与论点保持一致。

8)提供一篇文章,要求学生参照前边的写作方法和写作要求,在规定的时间内,写一篇一定字数的读后感。

3. 写评论

评论,属于议论文的一种,它主要是运用议论说理的方式,对客观事物或问题进行评价和论述,表明作者的观点。写评论,需要较高的写作能力,适宜于高级阶段学生的写作训练,训练方式是让学生练习为一篇文章或一本书写评论。

写读后感一般只是针对所读作品中的某一个感触点表明观点、发表议论,而写评论则要对作品发表全面的看法,做全面的剖析,要指出作品的优劣得失,分析其中根源,要有自己独到的见解,能启迪读者更深刻地领会作品。写评论比写读后感,需要更强的思辨能力,需要某些方面的专业理论素养,也需要较高的语言运用能力。

由于在创作方式上同属于读后写,所以在阅读理解原文方面,写评论与写读后感、写概要都有相近之处,都要经历相同的认真阅读的过程。这在前文中已经谈过,下面谈怎样写评论。

写评论之前需要做好几个方面的准备:①认真阅读原文;②尽可能多地了解作者以及其他相关资料;③掌握评论的标准;④选好评论的角度;⑤确定评论的题目。

在格式上,评论一般包括“引论——本论——结论”三个部分。①引论,即引言,主要是说明选题的背景、理由、目的、意义,并从而引出自己的论点;②本论,是评论的核心部分,主要是运用论据对自己的观点进行分析论证。必要时,可以以小标题的方式进行分层论述;③结论,是论文的结尾部分,主要是总结全文,强调论点。

训练评论写作的具体步骤:

1)选择一篇学生学过的文章,或者提前布置学生阅读某篇文章,这样可以减少课堂上用以阅读的时间。

2)课上交给学生一两篇与已读文章相关的评论,作为范文,引导学生分析、讨论评论的内容和组织结构,自己总结评论的特点和写法。

3)在学生分析总结的基础上,由教师讲解评论写作的要求(板书):

① 引论:在立论上,要有新意,有特点,有自己独到的见解;

② 本论:对原作的评价和议论,要有理有据,实事求是;论证的过程,逻辑推理要严密,结构层次要清晰;

③ 结论:要有真知灼见,富于教益;

阶段的学生,可以提供另外一幅或一组图画,或限制文体,或不限制文体,让学生自由创作。

三　扩写、改写

扩写、改写都是以对原文材料进行再加工的形式进行写作训练。这两种训练形式都要求学生具有较高的书面表达能力,适合在中高级阶段进行。

扩写和改写,在训练方法上基本属于自由写作训练,学生的语言运用的自由度大,因此在训练的时间安排上,重点在学生的写作实践过程和之后教师的讲评过程,在知识学习方面教师只要讲清楚写作要求即可。

(一) 扩写

扩写,就是把一个片段、一篇短文或一个提纲加以扩展、补充,写成一篇新的文章。

扩写的要求:

1) 忠于原文,保持原意。

2) 抓住重点,分主次、有条理地写细、写具体。

3) 根据原文合理想象,扩充内容。

4) 保持原文的文体格式和语言风格。

(二) 改写

改写,就是以原文为基础,用自己的语言重新组织内容,以另一种方式进行再创作的训练方法。

改写的方式有很多种:①改变原作的主要人物;②改变原有的情节;③改变原作的文体或体裁;④改变原作的叙事结构;⑤改变原作的人称。

1. 改写的要求

1) 不能成段照抄原文。

2) 对要求改变原文内容的练习,如上所述①②类,要重新确定主题,写出新意。

3) 对要求改变原文形式的练习,如上所述③④⑤类,要在不改变原主题的情况下,重新组织结构和语言,突出体现完成了所要求的形式上的改变。

2. 扩写与改写的训练步骤

1）提供范文，让学生了解、学习扩写或改写的方法。

2）将所需扩写或改写的材料交给学生，引导学生认真阅读，掌握其中心内容和形式特点。

3）布置写作任务，板书对扩写或改写的要求（见上）。

4）保持原文的文体格式和语言风格。

参考文献

陈田顺主编 1999 《对外汉语教学中高级阶段课程规范》，北京语言文化大学出版社

国家对外汉语教学领导小组办公室 1996 《汉语水平等级标准与语法等级大纲》，高等教育出版社

刘锡庆主编 1992 《外国写作教学理论辑评》，内蒙古教育出版社

罗青松 2002 《对外汉语写作教学研究》，中国社会科学出版社

田小琳编 1986 《句群和句群教学论文集》，新蕾出版社

王钟华主编 1999 《对外汉语教学初级阶段课程规范》，北京语言文化大学出版社

夏小芸、范 伟 2004 《汉语作文快译通——HSK作文指南》，北京大学出版社

赵金铭主编 2004 《对外汉语教学概论》，商务印书馆

本章有关实例选自下列教材

杨寄洲主编 1999 《汉语教程》，北京语言文化大学出版社

赵建华、祝秉耀 2003 《汉语写作教程——二年级教材》，北京语言大学出版社

祝秉耀、傅亿芳编著 1996 《汉语写作教学导论》，中国环境科学出版社

后　　记

　　我们敬畏的母语——汉语,正在加快走向世界。我国的对外汉语教学事业,在继续深入扎实地做好来华留学生汉语教学的同时,正把目光转向汉语国际推广。这在我国对外汉语教学发展史上是一个历史的转折点,具有里程碑的意义。

　　走出国门,走向世界各地,面向数以千万计的汉语学习者,普及汉语,传播汉语,成为当代华人肩负的历史使命。

　　面对世界上对汉语的热烈需求,师资问题成为当务之急。目前,世界上合格的汉语师资可以说奇缺。从事汉语教学的教师大多未经过严格的专业训练,仓促上阵,所在多有。师资问题已成为汉语国际推广中一道不容忽视的门槛。

　　为应急需,为解燃眉,我们编写了这本《汉语可以这样教——语言技能篇》,拟从语言技能的教学方法与教学技巧方面,略示门径,为初登讲台的汉语教师提供些许方便。本书的姊妹篇《汉语可以这样教——语言要素篇》,从语言本体的角度,展示了语言要素的教学方法与教学技巧,可一并参阅。

　　本书为集体编写。由主编策划全书框架、设计编写体例,集体讨论,个人撰写。分工如下:

　　赵金铭:前言、后记

　　翟　艳:第三章、第四章

　　苏英霞:第一章、第二章

　　戴悉心:第五章

　　本书在编写过程中参考了大量对外汉语教学著作和研究成果,书中实例也多引自有关教材。教材的书名已列于各章参考文献之后,行文中不再一一注明,在此一并致谢!

感谢商务印书馆的鼎力相助和编辑的细心审阅。

草创匆匆,粗疏与不当之处,敬祈读者批评。

编　者

2006 年 8 月